年金と老後資金を増やす裏ワザ!

老後破産は必ず防げる

元国税調査官
大村大次郎

ビジネス社

まえがき——老後破産をしないための二大対策

昨今、「老後破産」という言葉がよく使われるようになった。

雑誌や書籍、テレビなどでもときおり報じられるので、ご存じの方も多いはずだ。

老後の生活がままならなくなり、極貧の生活を余儀なくされたり、自殺に追い込まれたりする人が増えている。そして無理心中や、第三者を巻き込んでの放火など、悲惨な事件も起きている。

社会の大きな流れとして、老人の貧困化が進んでいるのは確かである。

現在、高齢者になろうとしている人たちは、働き盛りのときにバブル崩壊に遭遇し、リストラなどで職を転々とした人も多い。そういう人たちが老後を迎え、年金が十分にもらえない人々が急増している。

今後は「団塊の世代」が老後を迎えるため、さらに老後破産は増えると思われる。現在も、年金はだんだん支給金額を減らされているが、今後はもっとひどいことになるだろう。

そもそも、こういうことになるのは、かなり以前からわかっていたはずなのである。

日本は30年も前から少子高齢化が始まっていた。老人ばかりが増え、若い世代が少なくなれば、老人を支える社会の土壌は失われる。

にもかかわらず、この30年間政府はほとんど何も手を打ってこなかった。詳しくは後ほど述べるが、むしろ少子高齢化を促進させるような政策ばかりを行ってきたのである。

つまり、「老後破産」は国の失策の結果だともいえるのだ。


が、いくら国の失策だからといって、国の政治が好転するのを待っているだけではまったく埒《らち》があかない。老後破産に直面している人の中には、一分、一秒を争うような危機に陥っている人もいるはずだ。

そういう人たちにとって、老後破産をいかにすれば回避できるかが、もっとも緊急に必要な情報のはずである。

本書は、その情報を紹介しようという趣旨である。

世間では老後破産による悲惨な事件などが相次いでいるが、彼らの実態から言えることは、「老後破産は必ず防げる」ということである。

というより、老後がどんな困難な状態であっても経済問題である限り、必ず解決できるはずなのである。

老後破産を回避するための基本的な対策は次の二つ。

「早めに決断すること」「助けを求めること」

この二つがどういう意味なのか、若干の説明をしておきたい。

現役で働いている人にとって自分の老後生活というのは、なかなか想像しにくいものである。あと数年後に定年が迫っているとしても実感がわかず、老後のことは後回しに考えている場合も多い。

しかし、そこが**老後破産の罠**なのである。

老後破産で苦しい思いをしている人のほとんどは、「決断が遅れた」「対応が遅れた」というケースなのだ。早めに対応しておけば、防げたケースが多いのである。

もちろん早目に対応しろと言われても、普通の人にとっては、どういう対策をとればいいかわかりにくい。

その方法を、本書では紹介していこうと考えている。

また老後破産をしてしまう人の多くは、公的機関や周囲に助けを求めることを躊躇《ちゅうちょ》したり、遠慮したりしているものである。

老後の生活というのは、独力では切り抜けられない困難に見舞われることも多い。そういう場合は、迷わず、声をあげて助けを求めることである。

ただ、これも普通の人にはどうやって助けを求めればいいか、わかりづらいものもある。しかも生活保護の窓口などは、市民をなかなか寄せ付けないとして悪名が高い。そのため助けを求めるのを躊躇している人たちも多いはずだ。

しかし、きちんとした手続きさえ踏めば、生活保護の窓口なども決して恐れるものではないのだ。

なので、**「正しい助けの求め方」**なども紹介していきたいと考えている。

つまり本書は極端にいえば、老後にあたって「どうやって早目に決断すればいいか」「どうやって助けを求めればいいか」を細かく説明したものなのである。

今、苦しい老後を送っておられる方、これからの老後生活に不安を抱える方に、ぜひ手に取って欲しいと思っている。

著者

第2章　生活保護の大誤解

予防編

第3章 自力で年金を増やす方法

第4章 老後は住む場所で全然違う

第5章　老後破産は政治が招いた

序章

深刻化する老後破産

老後破産の悲惨な事件

老後破産を回避する方法を紹介する前に、まず今の日本の「老後破産」がどのように進行しているのか、最近起きた二つの事件を取り上げてみたい。

ひとつは２０１５年の11月、埼玉県で起きた一家無理心中事件。生活苦のため、40代の女性が両親を殺し自分も死のうとしたというものである。この事件は、今の日本の老人の状態や、社会保障の欠陥を如実に表しているものである。

もうひとつは２０１５年6月、生活苦を理由に自暴自棄になり新幹線に放火し、自分も焼身自殺をしたという東海道新幹線火災事件である。この事件は社会に衝撃を与えたので、覚えている方も多いかと思われる。

二つの事件は一見、特異に思われるかもしれないが、決して異常者による異常な事件ではない。

「今の状態が続けば、いつかはこういうことが起きるはずだ」

という現代社会の欠陥があぶり出たような事件なのである。

まず２０１５年11月24日に埼玉新聞に掲載された、以下の記事を読んでいただきたい。

〈利根川心中〉事件前に生活保護申請「決定までわずか…何があった」

熊谷、深谷両市を流れる利根川で深谷市稲荷町北の藤田慶秀さん（74）と妻ヨキさん（81）が死亡しているのが見つかった事件で、車に乗せて無理心中を図ったとして殺人などの容疑で深谷署に逮捕された同居の三女波方敦子容疑者（47）が事件の前、父親とともに深谷市に生活保護を申請し書類が受理されていたことが24日、市への取材で分かった。

深谷市によると、波方容疑者は父親とともに2日、市役所を来訪。生活保護と父親が首の手術を受ける相談をし、母親の介護保険利用についての説明を受けた。17日に再び訪れ、申請書類を受領。19日に職員が2人で同容疑者宅を訪問し、申請書類を正式に受理していた。19日からは扶養義務者の調査や預金など資産調査の審査が始まっていた。

同容疑者は2日に相談に訪れた際、9日に父親の新聞配達の給料が約20万円入るため、当座をしのぐための社会福祉協議会の貸し付けや非常食配給の申し出は断った。介護保険の申請も済み「私も働きに行ける」などと話していたという。

市職員は「19日にお会いした職員からは、死にたいとか介護に疲れたという話は一切聞かれなかった。お父さんも『よろしくお願いします』と頭を下げていたと聞いている。（書類を）預かってから2日間、決定まであとわずかだったのに何があったのか」と話していた。

波方容疑者は21日、慶秀さんとヨキさんとともに車で利根川に入ってヨキさんを殺害し、慶秀さんの自殺をほう助した疑いで、23日に深谷署に逮捕された。ヨキさんは認知症のような状態だった。

この事件を耳にしたとき、ほとんどの人は胸を痛めたはずである。

「今の日本でこういう悲惨な状況があるのか」

「なぜ彼女らを助けてあげられなかったのか？」と。

この事件は、日本の老人の貧困化が思った以上に進んでいることと同時に、福祉行政の怠慢を示しているものでもある。

この記事を読めば、深谷市が**「自分たちには責任はない」**と懸命に弁解している様子がわかる。

しかし、この弁解には不自然な点が多々あり、突っ込みどころが満載なのである。

市職員の「決定まであとわずかだったのに何があったのか」という言葉には、強い不信感を抱かざるを得ない。決定するかどうかというのは、当人たちは知らなかったはずである。市が事前に、生活保護を決定するかどうかを教えるわけがないからだ。だから「あと三日で受給が決まっていたのに、なぜ」などと言う言葉は、あまりにトボけたものである。もし市が言えるとすれば、「あと三日で受給が決まっていたのだから、どうにかして知らせることができなかったのか」という悔やみごとのはずだ。

また、市の職員たちは決して温かい対応はしていないはずである。

当人たちは生活保護の申請をしたときに、職員の態度を見て、「とてもこれでは生活保護などは受けられない」と感じたはずなのだ。だからこそ生活保護の受給の成否がわかる前に、死を選んだのだ。

市の職員はおそらく「いつまでに知らせる」ということさえ、言ってなかったはずである。もし言っていれば、成否がわかるまでは待つはずだ。

また市は、「同容疑者は2日に相談に訪れた際、9日に父親の新聞配達の給料が約20万円入るため、当座をしのぐための社会福祉協議会の貸し付けや非常食配給の申し出は断った」と話しているが、これも市の対応の冷たさを物語っている。

おそらく市の職員は生活保護の申請受付を渋り、「当座の貸し付け」や「非常食配給」ならば、可能だという話をしたのだろう。

それに対し、三女は父親の手術などを控えており、「それではとても問題の解決にはつながらない」として断ったのだろう。

そして生活保護を懇願したはずである。

それでも決して快い態度はとらなかったはずである。

いずれにしろ市の窓口に相談に訪れた人が、その直後に無理心中を図ったのだから、どう見ても市側に何らかの対応の不手際があったはずだ。それについて一言の反省の弁も述べず、不自然な言い訳に終始する、それが今の日本の福祉行政の実態なのである。

これを見たとき、**「生活保護を受けるのは大変だ」**と思った人も多いかもしれない。

しかし、実際は逆なのである。

生活保護は条件さえ満たしていれば、誰でも受けることができる。詳しくは後述するが、基準以下の収入しかない人はほとんどの場合、申請さえすれば生活保護が受給できるのだ。だからこそ役所側は、非情な手段を使ってでも生活保護を受けさせまいとしているのである。

新幹線放火事件

次に以下の新聞記事を読んでいただきたい。

新幹線放火容疑者「年金12万円では不足」　区議に相談

神奈川県小田原市付近を走行中の東海道新幹線で2人が死亡、28人が重軽傷を負った放火事件から7日で1週間。焼身自殺した林崎春生（はるお）容疑者（71）の暮らしぶりが、県警の調べや周辺関係者への取材で明らかになってきた。過去に複数の消費者金融から金を借り入れていたほか、「年金が足りない」などと生活苦を漏らしており、県警は動機の解明を進めている。

「年金は約12万円。貯金はなく、5月分の家賃も住民税も払えていない」。6月12日、ある東京都杉並区議のもとに、そんな電話相談があった。「清掃関係の仕事を辞めたら生活が大変になった。これだけの年金じゃ暮らしていけない」

電話の主は、同区で暮らしていた林崎容疑者。区議とは10年来の顔見知りで、過去に複数の社から借金を抱え、ローン返済に困った際に相談に訪れていたという。

区議や大家などによると、林崎容疑者は月額12万円程度の年金を受給しており、2Kのアパートの家賃は4万円。その他の支払いを除くと、手元に残るのは4万円ほどだったとみられている。

区議は「生活保護の申請ができるかもしれない。相談に乗ります」と伝えたが、その後、林崎容疑者から連絡はなかったという。

同じころ、岩手県釜石市に住む林崎容疑者の姉（75）にも、年金受給額への不満を口にしていた。姉によると、「なかなかパートが見つからない。どこか雇ってくれないかな」と働く意欲もみせていたという。

県警の調べで、林崎容疑者宅から過去に消費者金融から借り入れがあったことを示すメモが見つかった。県警は、生活苦で将来を悲観していたとの見方を強めており、借金の有無を照会するなどして動機の解明を続けている。

2015年7月6日　朝日新聞

新幹線の中で石油をまいて火をつけ自らも焼死するという、この事件に衝撃を受けた人も多いはずである。

この事件の林崎容疑者も、生活に困窮していたことは明らかである。そして記事にあるように、行政に救いを求めようとしていた。しかし行政は適切な対応をしてくれなかった。林崎容疑者が役所で生活保護の相談をしたかどうかは、明らかになっていない。もしかしたら林崎容疑者は、役所の窓口で冷たい対応をされたのかもしれない。また、生活保護は受給しにくいという噂をどこからか聞いていて、そのためにまず区議に相談したのかもしれない。そして区議が思うような対応をしてくれなかったので、絶望してしまったのだろう。

この二つの事件とも、行政の手落ちという大前提がある。行政がもっときちんと動いていたら、二つの事件ともに防げたはずである。そしてこの行政の手落ちは、他人事ではない。日本全国いたるところで日夜起きていることなのである。

この行政の手落ちは、徹底的に批判される必要がある。

しかし現在、この容疑者たちと同じように苦しんでいる高齢者の方にとって、いくら行政の手落ちを批判したところで救いにはならない。この最中にも自殺したり、病死したりする危険にある人もいるかもしれない。

そして繰り返すが、生活保護は一定の条件さえ満たして申請さえすれば、誰でも受給できるものなのだ。

役所側は申請をさせないために、わざと冷酷な態度を取るのである。

逆にいえば、申請さえすれば生活保護は受けられるのだ。そして申請は決して難しいものではなく、誰でも簡単にできるのである。

なので本書では、こういう行政の被害を受けないで済む方法をご紹介していきたい。

また本書の後半では生活保護の申請をせずとも、老後破産を回避できるような予防策を提示していくつもりである。

第1章

緊急事態は生活保護で防げ

老後破産を防ぐ第一は生活保護

老後破産を防ぐ手立てとして、もっとも緊急的に効果があるのは「生活保護」である。というより老後は収入を得る手段が限られており、そうそう頑張って収入を増やすことなどはできない。だから年金では足らずに生活が困窮すれば、生活保護を受けるしか手段はないといえる。

この「生活保護」をきちんと活用できなかったばかりに、老後破産は起きるのである。先に紹介した新幹線放火事件などのように、役所の窓口に相談しても、なかなか受給にまで至らないというケースもある。が、これは**役所のだましの手口**に引っかかっているということでもある。

本当に生活が苦しくて、なすすべがないのであれば、生活保護は必ず受給できる。受ける側がしっかりとした知識を持ち、役所に対してしかるべき要求をすれば、役所もそれを覆すことはできないのだ。

この点は、重々、念頭に置いておいていただきたい。

本章では、この生活保護を受給するための具体的な手続きを紹介していきたい。もちろん生活保護はきれいごとでは済まされない部分もあるので、なるべく現実に即した効果的な方法をご紹介していくつもりである。

また生活保護を受けたからといっても、それが周囲に知られたり、生活範囲が狭まったりするようなことはない。生活保護を受給すれば、今までとほぼ変わらない生活スタイルを保ちながら困窮や経済的不安から解放されるのである。

その点においても、順に説明していきたい。

生活保護支給額は年金額とほとんど変わらない

まず生活保護とは、どのくらいのお金がもらえるのかを説明しよう。

「生活保護は年金よりも多い」

という話もよく目にする。

東京・千代田区の70代の老夫婦二人暮らしの場合を例にとってみたい。

生活保護の額は、約18万円である。生活保護では家賃は別に支給され、千代田区では最高6万9800円まで出される。この最高額を支給されたとして考えてみよう。

つまり、この夫婦は家賃分と合わせて20万円ちょっとの収入と同等の生活ができると考えられる。

しかも税金、社会保険料、ＮＨＫ受信料などを払わなくていいことを考えれば、25万円の収入のある人と同等の生活ができるといえる。税金、家賃などを生活費の３割と考えて25万円×７割と計算すれば、約18万円となるからだ。

東京以外の地域でも、だいたい20万円程度の収入と同等の生活ができると見ていいだろう。

この20万円という数字を、年金と比べてみよう。

夫がサラリーマンで40年間、平均的な収入で厚生年金に入っていたとする。この場合、夫がもらえるのは老齢基礎年金が月約６万５０００円、厚生年金から10万円前後。これに妻の老齢基礎年金が月約６万５０００円。合わせて23万円程度である。

つまり、夫が平均的なサラリーマンを40年間続けてきた夫婦の年金と生活保護の額は、ほとんど変わらないのである。

また、もし自営業で国民年金にしか加入していない夫婦の場合は、基礎年金しかもらえないので、二人合わせても約13万円にしかならない。生活保護のほうが７万円も多いことになる。

もちろん夫婦共働きで、夫婦ともに厚生年金を長年掛け続けた場合や、平均的なサラリーマンよりも高額所得だった場合は、年金のほうが大きくなる。

しかし平均的な年金と比較した場合は、生活保護とほとんど変わらないのである。

生活保護の支給額はなぜ高いのか？

それにしても平均的サラリーマンの年金と、生活保護の支給額がそれほど変わらないことに驚かれた方も多いのではないだろうか？

その原因は、大まかに言って二つあると考えられる。

ひとつは、近年、年金の支給額が減り続けたために、生活保護が相対的に高く見えるようになったということである。

生活保護の支給額というのは、「生活基準」で決められている。生活保護というのは、そもそも憲法で「健康で文化的な最低限度の生活」を保証されているために作られている制度である。だから「健康で文化的な最低限度の生活」をするために、どのくらい必要なのか、を考慮して金額が設定される。

20万円ちょっとという数字も、その面から考えると納得できない数字ではないはずだ。

家賃分を除けば、月18万円程度である。

それでも月18万円で夫婦二人で生活するのは、ギリギリだといえるだろう。相当節約しても、食費だけで5万円程度はかかるはずだ。光熱費、電話代などの固定費で3万円以上はかかるだろう。となると、食費以外に使えるお金はどう頑張って捻出しても、だいたい6～7万円程度になる。

この金で、二人分の日用品や衣服、諸経費などを整えなくてはならない。また家財道具などの費用はなかなか出してくれないので、それらの費用も捻出しなければならない（冷蔵庫や洗濯機などの家財道具にかかる最低限度の費用は生活保護から別途支給されることになっているが、必要性の判断はケースワーカーに委ねられているので、なかなか支給されない）。

これではギリギリの生活だろうし、小遣いに使えるお金などはほとんどないだろう。

年金収入があっても生活保護は受けられる

生活保護に関して世間では、都市伝説的な誤解がたくさんある。

また国民が生活保護の制度をよく知らないことをいいことに、役所が勝手に嘘を並べたてて、生活保護を受けさせないようにしてきたという経緯もある。なのでここで、その誤解をひとつずつ解いておきたい。

まず「生活保護は働いている人は受けられない」ということについて。

これもよく言われていることだが、嘘《うそ》なのである。

普通に働いていても国が定める基準以下の収入であれば、生活保護を受けることができる。

たとえば、年収90万円の人がいたとする。

この人の生活保護の基準額は１４０万円だったと仮定する。となれば、差額の50万円を生活保護として受給することができるのだ。

こういう誤解が生じたのは、役所が生活保護を受給させないために、「あなたは働いているのだから受けられない」などと嘘を言ってきたからである。

だからワーキング・プアやフリーターなどでも一応仕事をしていて、収入がある場合でも、生活保護を受けることはできるのだ。

また年金収入があっても、生活保護基準以下の収入であれば生活保護は受けられる。そして生活保護を受けたからといって、年金の支給が止められるわけでもない。

低賃金の人と同様に、年金収入と生活保護基準額の差額分を受給できるのである。

だから今の年金ではどうしても暮らしていけない人、年金収入が生活保護基準額を下回る人は、生活保護を受けていいのである。

どんな人が生活保護を受けられるのか？

では、生活保護を受けるための具体的な手順をご紹介していきたい。

まずは、生活保護を受けられる条件を確認しておこう。

生活保護を受けられる条件というのは、実は非常に単純である。

現行の法制下で生活保護を受ける条件は、次の四つとなっている。

1 日本人であること。

2 生活保護の申請がされていること。

3 収入が基準以下であること。

4 資産が基準以下であること。

この四つの条件さえクリアしていれば、生活保護は誰でも受けることができるのだ。生活保護は本来、驚くほどハードルが低いものなのである。

この四つの条件に関しても、別に難しい解釈は必要ない。

ごくごく単純に、この条件をクリアしていればいいのである。

つまり日本人であり、収入と資産が基準以下の人が生活保護の申請を出しさえすれば、必ず生活保護が受給できるものなのだ。また日本人ではなくとも、難民認定者や永住者、もしくは日本人、永住者の配偶者などは生活保護を受けることができる。

収入や資産の基準なども、各自治体で明確に決められている（具体的に基準については後述）。役人が恣意《しい》的に決めるようなものではないのである。

また生活保護は、「働ける人は受給できない」というふうにも言われている。が、前述したようにこれは、単なる都市伝説である。本人は働ける状態でも、仕事がないケースは多々ある。だから、本人が働ける健康体だから、役人が生活保護の受給を却下できるというものではない。

年齢が若い場合は生活保護が受けられない、というのも都市伝説である。

このように生活保護というのは、本来、現場の役人が受給させるかどうかを判断する余地はまったくないのである。

条件さえ満たしていれば、誰でも受けられるものなのだ。

むしろ役人の恣意的な操作ができないからこそ、役人は法的にギリギリ、いや違法ともいえるような妨害をして、生活保護を受給させまいとしてくるのである。もちろん役人のこの妨害工作も、淡々と法に沿った受給の手続きさえ取っていれば、なんの意味もないのである。

意外に多くの人が該当する

次に収入や資産の基準についてご説明したい。

生活保護を受給できる基準というのは、厚生労働省が定めている。この基準額は家族構成によって違ってくるし、各市区町村によって若干違ってくる。

この基準額は、厚生労働省のサイトに載っている。

たとえば都心部で一人暮らしの50歳の人の場合、家賃を除いて8万1610円以下の収入であれば、生活保護を受けられることになる。

だからこの人がもし家賃4万円のアパートに住んでいた場合は、12万1610円以下の収入であれば生活保護が受けられる計算になる。

地域によって基準額の差はあるが、おおむね月12万円以下の収入ならば生活保護を受けることができるといえる。

これは月12万円以下の収入になったら、生活保護が12万円もらえるということではない。基準を下回った場合に、その下回った分だけをもらえるのだ。たとえば月10万円の収入しかない場合は、2万円ほどの生活保護がもらえる。本来はもう少し複雑な計算となるが、ざっくり言えばそういうことだ。

もちろん家族が多ければ、基準額は高くなる。

夫婦二人の場合は、先ほども述べたようにだいたい18万円以下の収入であれば、生活保護の対象となるのだ。

夫婦に小中学生の子供二人がいる家庭の場合は、だいたい25万円以下の収入であれば生活保護が受けられる。

これは、けっこう大きい金額だと言えるのではないか。

失業したり、フリーターをしていたりする50代の一人暮らしの人は、都心部にかなりいると思われる。さらにその中で12万円以下の収入しかない人は、けっこういるはずである。

夫婦二人の年金生活で18万円以下という人も、大勢いるだろう。

また子供が二人いる夫婦で月収が25万円以下という人も、かなりいるはずである。しかし、その多くは生活保護の申請をしていない。

医療費、社会保険料も無料になる

生活保護受給者には生活費の支給だけではなく、さまざまな特別待遇がある。

まず**社会保険料が全部免除**となる。

健康保険や年金の掛け金は払わずに、掛け金を払ったのと同じ待遇を受けられる。生活保護を受給している間は、年金は払っているものとしてカウントされる。

そして医療費は健康保険料がいらないだけではなく、自己負担分も免除される。だから医療費はまったく無料ということになるのだ。

ただし自己負担分を免除にする場合、福祉事務所からその都度にチケットをもらわなければならないために、急患のときなどには利用できない（事前にチケットをもらっておくことはできない。こういう病気で病院に行きたいと申請しなければならないので）。

しかし持病がある人などは、これで救われるはずだ。老後破産の多くの場合、医療費が原因となっている。だから生活保護を受けられれば、老後破産の多くは救えるのである。

また住民税や固定資産税などの税金も免除される。ＮＨＫの受信料や高校の授業料なども無料である。

医療・調剤チケットの見本

生活保護法医療券・調剤券　（平成 17年　8月分）

公費負担者番号		有効期間	1 日から 31 日まで
受給者番号		単独・併用別	単　独
氏　名	男　昭和　年　月　日		
居住地	（　町）		
指定医療機関名	眼科		
傷病名	(1) (2) (3)	診療別	入院外
		本人支払額	＊＊＊＊＊円

地区担当員名　　取扱担当者名

市福祉事務所長

備考	社会保険	なし
	結核予防法第３４条	なし
	精神保健及び精神障害者福祉に関する法律第32条	なし
	その他	

1361-01

その他に自治体によって、交通機関の無料券などの特典がある。

お金は半月分の生活費しか持ってはならない

次に、資産の基準についてご説明したい。

生活保護を受けるためには、「半月分の生活費以下のお金しか持ってはいけない」ということになっている。また車なども持っていてはならない。車を持っている場合は、まずその車は売り払わないとならない（仕事や生活する上でどうしても車が必要な場合は、車の所有が認められる場合もある）。

生命保険も持っていてはならない。生命保険に加入している人は、解約してからじゃないと生活保護は受給できない。ただし学資保険の一部と、掛け捨て保険の一部は持ってもいいことになっている。目安としては、掛け金が生活費の1割程度までとなっている。

生活保護の条件の中で、この**資産基準が一番きつい**といえるだろう。

生活保護を受給するためには、建前として資産の保有は認められないのだ。しかし「生活保護が申請されてから、支給が決定するまで2週間程度を要するので、その間の生活費分の貯金は認めましょう」ということである。

半月分の貯金しか認められないというと、生活保護が支給されるまではギリギリの生活になる。「もし生活保護の申請が却下されたら」と考えると、当人は死ぬほど不安なはずである。

また「車を持ってはならない」という条件のために、生活保護を受ける際に、わざわざ車を手放す人も多いという。しかし車を手放せば、通勤する際に困るので、そのために仕事ができなくなるケースも多々ある。

こういう点が現実の市民生活とかけ離れた感覚であり、**生活保護の大きな問題点**でもある。行政は、こういう部分を絶対に改善すべきである。

家を持っていても生活保護は受けられる

生活保護にまつわる誤解の中に、「家を持っていたら生活保護を受けられない」というものがある。

が本当は、家を持っていても生活保護は受けられるのである。

今、自分で住んでいて、ローンが残ってない家ならば、手放さなくていいのである。一戸建てに限らず、分譲マンションなどでも同様である。だから、自己所有のマンションに住んで生活保護を受けるということも可能なのである。

しかしローンが残っている家は、処分しなくてはならない。

貸地に自分が家を建てて住んでいる場合は、所有できる。この場合は、地代分を住宅扶助として受け取ることができる。ただし地代が住宅扶助の上限を超えるような高い土地に住んでいる場合は、転居を指導されることもある。

貸家や貸地などの不動産を持っている場合は、処分しなくてはならない。ただし農地など、収入に関わるものについては認められることもある。

生活保護を受けている人はどこに住んでもいい？

生活保護に関する情報として、「生活保護を受ける場合は、市営住宅など家賃の安いところに住まなければならない」というものがある。

しかし、これも誤解である。

生活保護を受けている人には、住む場所の制限などはない。

ただし賃貸住宅に住んでいる場合、生活保護で支給される家賃の上限が定められている。家賃の上限は地域や家族構成によって、違いがある。

ちなみに東京・千代田区で家族４人の場合は、６万９８００円が上限である。この上限を超える物件に住んでも、原則は構わない。ただし家賃は上限までしか支給されないので、はみ出た分は残りの生活保護費から払わなければならない。

極端な話をすれば、家賃が20万円もする高級マンションに住んでいてもいいわけなのだ。その分の家賃は出ないというだけだ。生活保護費から出る家賃は６万９８００円（東京都23区などの場合）だから、家賃20万円のうち13万２００円を自分で負担すればいいということになる。もちろん実際にそういうことがあれば、福祉事務所から転居などの指導があるだろう。

テレビ、エアコン、高校進学もＯＫ

生活保護の受給資格としては、テレビやエアコンの保持は関係ない。つまり、持っていてもいいのである。

以前はテレビやエアコンは不可だとされていたが、現在では許されている。

「生活保護受給者には贅沢《ぜいたく》は許されない」という原則があるが、テレビはほとんどの世帯が持っている。すでに贅沢品とは呼べないのである。エアコンも多くの家庭が所有し、エアコンがなければ、場合によっては熱射病などになるおそれもある。エアコンも以前は所有を禁じられていたが、ケースワーカーにエアコンを取り上げられた生活保護受給者が脱水症状で入院するという事件が起きてから認められるようになったのだ。

このように生活保護受給者が保有してはならない「贅沢品」というのは、時代によって変わっていくのである。

生活保護は、憲法第25条の「すべて国民は、健康で文化的な最低限度の生活を営む権利を有する」という条文から来ている制度だから、国民の文化程度が上がれば、必然的に〝最低限度の生活〟のレベルも上がるのである。だから以前は贅沢だとされていたものでも、一般家庭に普及したものについては、だいたい認められるといえる。

なにが贅沢品かという判断は、ケースワーカーの判断にもよる。贅沢品を指摘するのはケースワーカーなので、**ケースワーカーが許せばOK**ということである。

以前はパソコンはダメと言われていたが、昨今では認められる可能性があるといえる。パソコンはほとんどの人が持っているし、求職活動などにも必要なことがあるからだ。携帯電話なども求職などで必要なので、許される可能性がある。

また以前は生活保護を受給している家庭では、高校進学ができないという時期もあったが、現在では高校進学も認められ、学費も支給されている。

生活保護の免除や減免（東京都の場合）

種類	内容	窓口
地方税	固定資産税の減免 都市計画税の減免	都市事務所
	特別区民税の非課税 都民税の非課税 特別区軽自動車税の減免	市区町村税務課
年金	国民年金保険料の免除	国民年金課
	心身障害者扶養年金掛金の減免	障害者福祉課
住宅	都営住宅共益費の免除 都営住宅入居保証金の減免 もしくは徴収猶予	東京都住宅供給 公社管理部
水道	基本料金の免除	水道局 （支所・営業所）
下水道	基本料金の免除 水洗トイレ設備助成金の交付	下水道局 （管理事務所）
放送	NHK放送受信料の免除 （通常では1年でだいたい 1万5,000円程度の負担）	NHK
交通	都営交通無料乗車券の交付 JR通勤定期券の割引	福祉事務所
清掃	ゴミ袋の給付 粗大ゴミ処理手数料の免除	清掃事務所
衛生	保健所使用料・手数料の減免	保健所
教育	都立高等学校・高等専門学校の 授業料の免除	各学校

生活保護受給者でも貯金はできる

生活保護に関する誤解の中には、「生活保護は貯金ができない」というものもある。

これは、**半分嘘で半分本当**である。

前述したように生活保護を申請する際には、生活費半月分以上の貯金があってはならないとなっている。だから貯金が多い人は、生活保護は受けられない。

しかし貯金の多寡《たか》が問われるのは、生活保護を申請するときだけである。

いったん生活保護の受給が開始されれば、支給された生活保護費を切り詰めて貯金することは許されている。

以前は、「生活保護費とは生活費なのだから、貯金は許されない。貯金する余裕があるならば、国に返すべし」という考え方が取られていた。だから生活保護者が貯金をしていれば、その分の生活保護費が減額されることになっていたのだ。

しかし2004年ごろから、それが変わった。

裁判で、生活保護受給者の貯金が認められるケースが相次いだのである。たとえば生活保護を受けていた福岡市の父親が長女と次女の高校進学のために、学資保険を積み立てていたところ、満期返戻金を受け取った時に、福祉事務所はそれを「収入」だとして生活保護費の減額をした。この件で父娘は福岡市を訴え、２００４年に最終的に最高裁で勝訴した。

これらの判決以降、生活保護受給者でもいったんもらった生活保護費は自由に使っていいし、貯金をすることも許されるとなったのである。

生活保護は申請しなければ絶対にもらえない

これほど簡単な生活保護の受給ではあるが、ひとつ忘れないでいただきたいことがある。それは**「生活保護は申請しなければ、もらえない」**ということである。

市町村などの福祉関係者が貧困家庭を回って、「あなたは生活保護を受けさせてあげますよ」などと、先回りして受給手続きをしてくれたりはしないのである。あなたがどんなに貧しい生活をしていようが、それが周囲の目にはっきりわかるようであっても、自動的に生活保護が受けられるようになることは絶対にないのだ。

もしかしたら、地域の親切な人や民生委員の人が「生活保護を受けたらどうですか？」と声をかけたりしてくれることもあるかもしれない（普通の市民生活では、ほとんどありえないが)。が、それでも、申請自体は自分で行わなくてはならないのである。

生活保護は「申請主義」といって、自分から申請しなければ受けられないのだ。

駅周辺などにいるホームレスを見て、「国はなぜあの人たちに生活保護を受けさせてやらないのだろう」と思う人も多いはずである。

それはこの「申請主義」のためなのである。

役所がホームレスの人たちに対して、積極的に「生活保護をあげますよ」とは絶対に言わないのである。あくまで、彼らが申請をしてからじゃないと支給しないのだ。

だから生活が苦しくなったら、「自分で生活保護を申請する」ことである。

借金をする前に生活保護を受けよう

生活保護をスムーズに受けるために、一番大事なことは「早く決断する」ことである。

生活保護というのは、ぐずぐずしていると、非常に受けにくくなったりするからである。

なぜぐずぐずしていると受けにくくなるのか?

まず**一番大きいのが借金問題**である。

生活保護は、借金があるからといって受給できないものではない。しかし借金がある人は、自己破産などをして借金を清算する必要がでてくる。借金がある人が生活保護を受けた場合、生活保護費が借金の清算に回る恐れがある。それでは「生活費の支給」という生活保護の趣旨に反するからである。

自己破産などの手続きは非常に面倒な作業だし、時間もかかる。生活保護を受けたいと思っている人にとって、その時間は命とりになりかねない。

そして借金というのは、生活保護の手続きがしにくくなるだけではなく、その後の生活全般に悪影響を及ぼすことも多い。

闇金などに手を出してしまった場合、生活保護の受給手続きをうまくクリアしても、その後もずっと付きまとわれる恐れもある。生活保護の支給時に、役所の外に闇金の取立人が待っている、というケースも少なからずあるのだ。

そうなると、せっかく生活保護を受給できても、自分の生活費には回らず、闇金に流れてしまうことになってしまう。

だから生活が苦しくなって、変な借金に手を出さなくてはならない状況になれば、借金をする前に生活保護の手続きを受けるべきだと言える。

生活に困っている人には、なかなかこの決断ができない。

「とりあえずこの場をしのごう」と、借金をしてしまいがちである。しかし収入のあてがないときに借金をすれば、決定的な悪循環にはまってしまう。

生活保護をスムーズに受ける第一のコツは、**「素早く決断すること」**なのである。

生活保護を受けるかどうかの決断は「家賃」

前項で生活保護を受けるには、素早く決断することが大事だと述べた。

それでもなにを基準にして決断すればいいか、普通の生活をしている中ではなかなかわかりづらいと思う。

なので、ひとつの基準をここで提示しておきたい。

それは**「家賃」**である。

家賃を払えなくなったとき、もしくは払えなくなりそうなときに、部屋を追い出される前に生活保護の申請をするのである。

ホームレスになった人の多くは収入が激減したり、途絶えたりして、生活費がひっ迫して家賃を滞納するようになる。やがて部屋から追い出されて、やむなく路上生活になったというパターンが非常に多いのだ。

そして住む家を失ってしまうと、生活保護の受給手続きがかなり面倒になるのだ。

「生活保護は住民票がなければ受けられない」と言われることがあるが、これは嘘である。生活保護とは憲法で定められた国民の権利であり、国が保障するものである。だから、住所がなくても、生活保護は受けられる。

が、手続き的には、非常に面倒になるのだ。

生活保護の窓口は、自治体（市町村）になっている。そのため住民票がなければ、どこが窓口になるのか特定できないことになる。だからホームレスの人が生活保護の申請をしても、役所が「管轄地に住んでいない」ということを言い訳にして、生活保護を受け付けないのである。市区町村というのは、「住民」に対する行政サービスを行うのであり、「住民」じゃなければ行う必要はない、という論法である。

自治体というのは、窓口に過ぎない。だから住所地がなく、窓口となる自治体がないからといって、生活保護を受ける権利が消失したわけではない。

たとえばホームレスの人が、自分が住んでいる公園の自治体に生活保護の申請をすることもできる。その人がその公園に住んでいるという実態があり、収入、資産などの条件さえ満たしているならば、自治体は生活保護を支給しなければならない。

ただ実務レベルでは、住民票がなければなかなか生活保護が受けにくいという現状がある。

自治体の窓口に行って生活保護の申請をしようとしても、「あなたはこの地域の住民ではないので、この役所では管轄していません」と言われれば、普通の人はなかなかそれ以上の対抗はできない。自治体の職員は、その自治体の行政には責任を持たなければならないが、その自治体の管轄外のことには責任を持たなくていいという建前だからだ。

住民票がない人の場合は、NPO法人や弁護士、司法書士などの手助けがなければ、なかなか生活保護は受けられない。もちろんいざとなったら、そういう方法もある（その方法は後述）。

が、まずはそういう状況になる前に、決断することである。

「来月の家賃が払えそうにない」

という状況になったら、迷わずに生活保護の申請をすることである。

生活保護の具体的な手順

生活保護の手続きは、次のような手順となる。

１　事前の相談

自分の居住地域を管轄する福祉事務所に行って、生活保護担当課で相談する。生活保護担当課では、生活保護の説明のほかに、生活福祉資金などの説明も行う。

⇐

２　保護の申請

相談が終わると、生活保護の申請をすることになる。繰り返すが、担当者の口車に乗らずに、必ず生活保護の申請にこぎつけることである。

生活保護の申請をすると、役所側は以下の調査を行う。

・生活状況等を把握するための実地調査（家庭訪問等）
・預貯金、保険、不動産等の資産調査
・扶養義務者による扶養（仕送り等の援助）の可否の調査
・年金等の社会保障給付、就労収入等の調査
・就労の可能性の調査

⇐

３　保護費の支給

役所の調査はだいたい2週間以内には終わる。生活保護申請者は、半月分の生活費しか持っていないという建前なので、役所側としては原則として2週間以上の時間はかけられないのである。

そして厚生労働省のサイトによると、支給後の手続きについては以下のようになっている。

「厚生労働大臣が定める基準に基づく最低生活費から収入（年金や就労収入等）を引いた額を保護費として毎月支給します」

「生活保護の受給中は、収入の状況を毎月申告していただきます」

「世帯の実態に応じて、福祉事務所のケースワーカーが年数回の訪問調査を行います」

「就労の可能性のある方については、就労に向けた助言や指導を行います」

「福祉事務所」ってなに？

生活保護の申請をする場合、その窓口となっているのは福祉事務所である（一部、市町村役場が窓口になっているところもある）。

福祉事務所とは、都道府県や市などが設置している福祉行政を専門にしている〝役所〟

のことである。生活保護のほか、児童福祉や母子福祉、老人福祉、障害者福祉など、福祉行政全般を担っている。

生活保護を受けたいと思っている人は、この福祉事務所にまず相談に行かなければならない。生活保護の相談や申請、受給後の生活指導なども、すべてこの福祉事務所が窓口になって行われる。

この福祉事務所は自治体から独立した組織ではなく、自治体の機能の一部といえるものである。

だから**自治体の意向が強く反映**される。簡単にいえば、福祉事務所といっても、実態は〝役所〟そのものなのである。

この福祉事務所には、ケースワーカーと呼ばれる生活保護に関する指導員がいる。このケースワーカーが相談に乗ることになる。ケースワーカーが生活保護の希望者と面談し、必要と判断すれば生活保護の申請をさせるのである。

ただ勘違いされやすいのだが、ケースワーカーが生活保護の申請に関する成否判断を任されているわけではない。ケースワーカーというのは、あくまで相談役としての存在に過ぎず、生活保護の申請をするかどうかは、受給希望者本人が決めることなのである。

しかし財政が悪化している自治体などでは、このケースワーカーが面談したときに、いろいろと難癖をつけて、受給希望者を追い返したり、申請書を渡さなかったりする。後で紹介する「水際作戦」「硫黄島作戦」など生活保護を受給させない作戦を遂行してきたのは、このケースワーカーたちなのである。

福祉事務所の窓口ではメモを取ろう

福祉事務所に行く際には、あらかじめ話すことを自分で整理しておこう。福祉事務所で聞かれることは、だいたい次のようなことである。

- **現在の収入状況**
- **仕事があるかどうか（探しているかどうか）？**
- **資産がどのくらいあるか？**
- **家族や親せきは助けてくれるのか？**

これらの質問には必ず答えられるようにしておきたい。

ここでケースワーカーは、なるべく生活保護を申請させない方向に話をもっていこうとするから注意を要する。

生活保護の申請をしたいと思った人は、ここでなにを言われようが、「生活保護の申請をする」と明言して欲しい。

そして福祉事務所では、話をしながらメモを取ることをお勧めする。メモというのは公的な記録にはならないが、もしなにかで裁判になったときには、証拠になりうるのだ。そのためメモを取っている場合、福祉事務所の職員は下手なことは言えなくなる。役人などというものは記録が残らない場所と、記録が残る場所では態度がまったく違う。だから**記録を残すというポーズは効果がある**のである。

要は、「記録に残しているんだ」というアピールをしたほうがいいのだ。役人というのは、口から出まかせのことを平気で言うが、記録を残される場面では当たり前のことしか言えなくなる。

福祉事務所のだましの手口

福祉事務所によっては、法律に合わないようなことを言ったり、嘘をついたりして生活保護を受けさせないように誘導する場合もある。

福祉事務所の騙しのパターンとその対処法を列挙しておく。

福祉事務所のだましのパターン1

「年齢的に若いし、健康だからまだ働けるでしょう」と言って、年齢的に生活保護が受けられないような言い方をして諦めさせようとする。

しかし、生活保護は若くて健康だからといって受けられないものではない。若くて健康であっても、仕事が見つからなかったり、収入が少ない場合は、生活保護を受けることができる。

なので、自分の年齢や体力、求職しているが仕事が見つからないことなどをきちんと説明する。

もし若いことを理由に、申請書を渡さないようなことがあれば、「自分には生活保護を受けられる条件があると思っているので、申請書をください。条件に合致していなければ、申請を却下すればいいだけでしょう？　申請するのは私の権利ですから、私の権利の侵害をしないでください」と明確に言おう。

福祉事務所のだましのパターン2

「家族や親類に支援してもらいなさい」と言って、「家族や親類がいれば、生活保護を受けられない」と誘導することもある。

こういう場合は、「家族や親類には、支援が見込めない」ときっちり言っておこう。

また福祉事務所から家族や親類に、支援を求める文書が送られる可能性もある。これは福祉事務所としては、当然の手立てであり、**これを防ぐ方法はない**。

だから生活保護の申請をする際には、嫌でも一度、家族や親類を話を通しておくべきだろう。家族に知れずに、生活保護を受けるというのは無理である。

福祉事務所のだましのパターン3

持ち家がある人に対して「家があるなら家を売ったらどうですか？」と言い、生活保護を受けられないかのように思わせる。

しかし前述したように持ち家があっても、自分が今、住んでいる場所であれば、生活保護は受けられる。だから「持ち家があっても生活保護は受けられるでしょう」とはっきり言おう。

申請用紙をくれない場合の対処法

福祉事務所の作戦のひとつとして、申請用紙を渡さないというものがある。

一般の市民の方々は申請用紙がもらえなければ、生活保護は受けられないような錯覚に陥るものである。しかし、これはまったくの誤解である。

申請用紙は、ただの用紙に過ぎない。もし申請用紙がもらえないなら、自分で「生活保護の申請をします」と書いた紙を役所に提出すればいいのである。それで申請されたものと同じ扱いになり、役所は必ず受け付けなくてはならないのだ。

またタチの悪い役所の場合は受け取っているはずなのに、「そんな文書は届いていない」と言い張る可能性もある。それを防ぐためには、内容証明郵便で出すといいだろう。

また申請用紙は生活保護を支援しているＮＰＯ法人のサイトに掲載されているものもあり、それを打ち出してもいい。

生活保護の申請用紙の一例

〔参考〕申請書様式（生活保護法施行細則準則，平12．３．31制定）
様式第12号

生活保護法による保護申請書

現在住んでいるところ	現在のところに住み始めた時期 年　月　日	※福祉事務所受付年月日	※町村役場受付年月日

	人員	氏　名	続柄	性別	年齢	生年月日	学歴	職業	健康状態
家族の状況	1		世帯主						
	2								
	3								
	4								
	5								
	6								
	7								
	8								

家族のうち別なところに住んでいる者があるときはその名前と住んでいるところ	

資産の状況（別添１）	収入の状況（別添２）	関係先照会への同意（別添３）

援助をしてくれる者の状況	世帯主又は家族との関係	氏　名	住　所	今まで受けた援助及び将来の見込

保護を申請する理由（具体的に記入して下さい。）

上記のとおり相違ないので，生活保護法による保護を申請します。

年　月　日

申請者住所
氏名　㊞
保護を受けようとする者との関係

福祉事務所長殿

（記入上の注意）

1　※印欄には記入しないで下さい。

2　申請者と保護を受けようとする者が異なる場合には，別添の書類は保護を受けようとする者に記入してもらって下さい。

3　不実の申請をして不正に保護を受けた場合，生活保護法第85条又は刑法の規定によって処罰されることがあります。

(注)　この申請書は開始，変更いずれの場合にも用いるものとし，変更申請の場合は，変更にかかる事項を記入させ，別添１から３のうち必要なものを添付させること。

民間団体などに相談すれば一発OK

もし自分一人だけで生活保護の手続きをする自信がないという人は、弁護士やNPOなどの支援団体に相談してみよう。

役所というのは、専門知識がない人に対しては適当に誤魔化《ごまか》して門前払いを食らわせるものだが、専門知識がある人に対してはごく当然の法に則した対応をするからである。

だから生活保護を受けられる条件さえクリアしているのならば、弁護士や支援者と一緒に行けば、簡単に生活保護を受けることができる。

また役所は当事者だけが訪れた場合は横暴な態度に出るが、第三者が同席している場合は丁重な対応をとるのである。

だから、とりあえず支援してくれる団体などを探して、同席してもらうことをお勧めする。

そういう団体はネットなどで調べれば、簡単に見つけることができる。生活保護の支援をしているNPO法人はたくさんあるし、弁護士などもほとんどの人が相談に乗ってくれる。

ただし中には貧困ビジネス関係のタチの悪い団体もあるので、ネットの掲示板などでしっかりチェックしておきたい。

もっとも確実なのは弁護士に相談すること

生活保護の手続きを手伝ってもらうときに、もっとも確実にお勧めできるのは弁護士である。

弁護士ならば、生活保護受給の法的な条件を満たしてさえいれば、確実に手続きをとってくれる（費用については次項参照）。

福祉事務所や役所の窓口に普通の市民が相談に来た場合は、なかなか申請書をくれないなどの意地悪をされるが、弁護士が同伴で来た場合は、そういうことはまずない。

ＮＰＯ法人に相談するという手もあるが、前述したようにＮＰＯ法人には半ば貧困ビジネス業者化したものもいる。生活保護の申請をとる条件として、寄付を要求されたり、ＮＰＯ法人の指定するアパートなどに入居しなければならなかったりする。

もちろん、いいＮＰＯ法人には生活保護の手続きのみならず、生活の立て直しや本人が抱えているさまざまなトラブルの解決に手を貸してくれるところもある。そういうＮＰＯ

法人をうまく見つけ出せれば、弁護士に頼むより頼りがいがある場合もある。

しかし、どのNPO法人が善良で、どのNPO法人が悪質かというのは、外部からはなかなかわかりにくい。だから、もっとも確実なのは、弁護士に相談するということだといえる。

各地域の弁護士会には貧困者向けの窓口がある

生活保護の希望者にとって弁護士というのは、なかなか遠い存在と思われる。弁護士といえば、普通は30分の相談をしただけでも5000円以上取られるものである。そういうところに簡単に相談には行けない。

しかし生活保護の申請に関しては、**弁護士は無料でやってくれる**のである。

各地域の弁護士会が申し合わせて、生活保護の弁護士費用については無料にすることにしているのだ。各弁護士は生活保護の申請を代行した場合、弁護士会から報酬的なものが支払われることになっている。弁護士としても損はない。だから、気楽に相談すればいいのである。

弁護士を頼むには直接、弁護士事務所に電話などでコンタクトを取ってもいいが、もっとも確実なのは、その地域の弁護士会に連絡してみることである。

また各弁護士会では、無料法律相談会を行ったり、「法テラス」という低所得者のための無料法律相談窓口を設けたりしている。それらを利用して、自分が生活保護を受けられるかどうかを打診し、受けられそうならば手続きの代行をお願いすればいい。法テラスの詳細は、ネットで「法テラス」で検索すればすぐにわかる。

法テラス・サポートダイヤル

法テラスの専用オペレーターが内容に応じて、法制度や相談機関・団体を紹介する。
☎0570-078374
利用料：0円、**通話料**：全国一律3分8・5円（固定電話、税別）
受付　平日：午前9時〜午後9時　**土曜**：午前9時〜午後5時

借金がある場合の注意事項

生活保護を受けたいと思っている人の中には、多額の借金を抱えているケースも多いはずである。

前述したように、借金があっても生活保護は受けられるのだが、生活保護費は借金の返済には使えないという法的な縛りがある。それを盾にして役所側が申請を拒む可能性がある。

もちろん役所は借金があるからといって、申請を拒むことはできない。生活保護費を借金の返済にあててはならないだけであって、借金の返済にあてさせないように指導するのも本来は役所の仕事なのである。しかし事実上、役所がなかなかそこまでやってくれないし、役所にそれをやらせようとすれば、大変な労力が必要となる。

なので、この場合も、弁護士に相談したほうがいい。

自己破産などで借金の整理をし、生活保護の申請をしてもらうのだ。自己破産などの手続きには若干の弁護士費用がかかるが、だいたいの弁護士は生活保護が支給されるようになるまで待ってくれるはずである。

また前述した「法テラス」などを利用してもいいだろう。

資産はどの程度調べられるのか？

生活保護を申請する場合、原則として資産は持っていてはならないことになっている。半月分以上の預貯金や車は、処分しなければならない。

車はともかくとして、「半月分以上の預貯金を持っていてはならない」という条件は、現実的にかなり厳しいものだといえる。普通に考えて、半月分の生活費しか持っていなかったら、不安でたまらないはずだ。しかも役所から、「生活保護が必ず受給できる」という確約をすぐにもらえるわけではないのである。

では、資産保有の条件はどのくらい厳しくチェックされるのか、ここで確認しておきたい。

福祉事務所の資産などの主なチェック方法は、「家を何度か訪問して調査をすること」「銀行、郵便局などの預貯金を調べる」というものである。

だから金融機関に預けている分は調べられるが、ちょっとばかり自宅で小銭を隠し持っている分は、福祉事務所はわからないということである。筆者として、大っぴらにタンス預金を推奨することはできないが、生活が破綻すれば元も子もないので、参考として受け取っていただきたい。

車についても保有は禁止されているが、車がなければ生活できない人、車がなければ仕事ができない人などは保有も許される。だから車が必要な人は、その旨をきちんと書いて申請書に添付しておくことである。

また資産といっても、家財道具の処分までは求められない。

一目でわかる！　公的支援マップ

【高齢者】

お金に関する支援

年金

- **老齢基礎年金（国民年金）**［市区町村の国民年金課、住所地の社会保険事務所］
- **老齢年金＋厚生年金（厚生年金）**［最終勤務先を管轄する社会保険事務所］

※ともに支給は65歳からだが（老齢厚生年金は65歳以前の特別支給は段階的に消滅）、老齢基礎年金については、60歳から繰り上げ受給することもできる（ただし、本来もらうべき金額よりも減額されて支給されるので注意）

モノや交通に関する支援

- **日常生活用具・住宅設備の改善（特殊寝台、ポータブルトイレ、車椅子、電磁調理器などの交付・貸出／浴室・玄関・トイレ／台所などのリフォーム）**［住宅地の福祉事務所・市区町村の高齢者福祉担当課］
- **生活に役立つサービス（老人福祉電話の貸出、電話料金の援助、電話訪問員のサービス、散髪・入浴などの出張サービス、給食のサービス、公営交通の無料パス）**［市区町村の高齢者福祉担当課］

サービスの提供

- **ホームヘルパーの派遣（家事や介護のための援助）**［住宅地の福祉事務所・高齢者福祉担当課、ケアマネージャー］
- **老人ホームなど（養護老人ホームへの入所）**［市区町村の高齢者福祉担当課］
- **介護保険施設（介護老人保健施設などへの入所）**［市区町村の高齢者福祉担当課、ケアマネージャー］

医療費に関する支援

- **老人保険制度**［市区町村の高齢者福祉担当課］

※75歳以上、もしくは65歳以上の寝たきり状態の場合に対象となり、医療費の一部を免除

［　］内は相談窓口

第2章

生活保護の大誤解

生活保護の受給を躊躇してはならない

筆者はこれまで老後に困窮したときには生活保護を受けることを勧めてきたが、生活保護を受けることに抵抗がある人もけっこういるはずである。

日本人は真面目な人が多いので、「社会の迷惑にはなりたくない」と言って、生活保護を受けていない人もかなりいるようだ。そうじゃないと、生活保護の支給漏れがこれほど多くはならないのである。

だが、元官僚の立場から言わせてもらえば、「生活保護の受給に躊躇《ちゅうちょ》してはならない」ということである。むしろ、ひどく困窮する前に申請して欲しい。すなわち生活保護水準以下になれば、すぐに生活保護の申請を出すべきだと筆者は思う。

というのも、それは**あなたのためでもあり、国のためでもある**からだ。

そもそも生活保護というのは、日本国民の誰もが持っている当然の権利である。困窮している人が、その権利を行使して悪いことはなにもないのだ。

そして生活保護の受給資格があるのに、それを申請しないのは、政治家や官僚の思うつぼなのである。

政治が誰にでも公平で、みなが幸福になるように行われていると思ったら大間違いである。政治というのは声が大きいもの、強いものが得をし、声を出さないもの、弱いものが馬鹿をみるようになっている。

だから貧困者が声をあげないのであれば、救われることはないのだ。

現在、日本は急速な勢いで格差社会化、貧困層の拡大が進んでいる。が、生活保護受給者は、まだまだ国民の少数である。だから政治家や官僚は、貧困対策にきちんとした手立てを講じていない。一方では、選挙のために税金のばら撒きを行っているのである。

つまり国民が自分たちの持っている権利を行使しなければ、政治家や官僚はどんどんつけあがり、日本はもっともっとダメな国になってしまうのである。

だから日本のためにも、困窮したときには生活保護の申請をするべきなのだ。

なぜ生活保護受給者は叩かれるのか？

生活保護というと、昨今では不正受給の問題ばかりが取り上げられる。

しかし、これは非常に偏向的なものだと言わざるを得ない。

生活保護のもらい漏れは1000万人近くいると推定されている。

不正受給者というのは、せいぜい2~3万人である。どちらが大きな問題なのかは火を見るより明らかだ。

筆者は「不正受給が問題ではない」と言っているわけではない。

不正受給は不正受給で由々しき問題なので、きちんと対処するべきだろう。

しかし不正受給にかこつけて、生活保護全体をバッシングする風潮は絶対に間違っている。

生活保護というのは、国民にとって最後のセーフティーネットのはずだ。

国はこのセーフティーネットを最大の責任感を持って、守らなければならないはずである。

にもかかわらず1000万人ものもらい漏れがある。挙句に餓死者が出たり、食事をまともにとれない子供が生じる有様なのだ。

そこに最大の問題がある。解決すべきは、まずこっちの問題なのだ。

それにしても国はなぜ生活保護ばかりを悪宣伝し、生活保護予算を削ろうとするのだろうか?

ここに、国の社会保障に対する姿勢が如実に表れている。

国家というのは声の大きいもの、国に圧力をかけてくるものに対しては、非常に優遇する。そして国家に文句を言わない人、国家に文句を言えないような弱い立場の人に対しては非常に厳しい態度をとる。

国の予算というのは、あちこちに利権が絡んでいる。

まず省庁が予算を押さえる。続いて省庁に関係する企業、団体などが予算に対して利権を求めてくる。それらの企業、団体などは、政治家と密接なつながりを持っている。政官と企業が、3者で利権を分け合っているのだ。

その利権は、1円単位で網が張られているといえる。そして、その利権を持つ者たちは、国に常に圧力をかけてくる。だから無駄な予算を削ろうとしても、なかなかできないのだ。

そして税収が1円増えれば、その1円もたちまち利権に組み込まれてしまう。だから国はいつも1円の余裕もないといっていいだろう。

ところが生活保護受給者というのは、国になにも文句は言わない。

個人単位でケースワーカーや市の職員などに文句を言っている人はいると思われるが、団体となって国に圧力をかけるようなことはない。

政治家に対してロビー活動をするようなこともないし、団結して選挙などで影響力を持つこともない。

だから生活保護の予算というのは、政治家にとって非常に削りやすいのだ。この予算を削っても、文句を言ってくる人はあまりいないし、選挙にも影響がない。

でも生活保護を削るというと、弱いものイジメのようなイメージとなってしまう。そのため生活保護受給者に関するネガティブ・キャンペーンを張り、**「悪いのは生活保護受給者」**という世論をつくり上げてから、生活保護費の削減に取り掛かろうとしているのだ。

貧困層が貧困層を攻撃するな！

昨今、生活保護受給者に対する風当たりが強くなっている。

それは人気芸人の母親が生活保護を受給していたのが発覚した件などが大きく影響しているといえる。人気芸人の母親のケースに限らず、生活保護を受給しながら贅沢な生活をしていたケースや、生活保護の詐取的な事件もたびたび報じられている。

このため、「生活保護受給者イコール不正に利益を得ている人」というイメージが広がっている。

しかもネットなどで生活保護受給者を攻撃するのは、ワーキング・プアで苦しんでいる人が多い。おそらく「自分たちは苦しい中で頑張っているのに、あいつらはズルをしやがって」ということなのだろう。

その気持ちはわからないでもないが、不正受給の問題は不正受給の問題として別個にとらえるべきなのだ。不正受給の問題を生活保護全体の問題ととらえて、生活保護全体に批判の矛先を向けてしまえば、政治家の思うつぼなのである。

ワーキング・プアの人が生活保護受給者を攻撃するということは、貧困者が貧困者を攻撃するということになる。民主主義というのは、数の論理で動くものである。貧困者同士が争えば、貧困者全体の利益は損なわれるのである。

具体的にいえば、世論が「生活保護はもらいすぎ」「生活保護受給者にはもっと厳しく」となれば、政治家はもろ手を挙げて生活保護費の削減に取り組む。そうなれば生活保護が受けにくくなり、生活保護の質も低下する。

しかし生活保護のレベルを下げてしまうと、社会全体の生活レベルが下がってしまうのである。ワーキング・プアで苦しんでいる人が、苦しみの限界がきて「もう生活保護を受けよう」という段階になったときに、しっぺ返しされることになる。

前述したように、現在の生活保護の支給額が多いように見えるのは、周りに生活保護レベル以下の生活をしている人が多すぎるからである。生活保護受給者がもらいすぎているのではなく、貧困者が増えすぎているだけなのだ。

つまり今、貧困で苦しんでいる人は、貧困者を減らす方向に政治家に対して圧力をかけるべきなのだ。

生活保護を攻撃している人はその点を、重々、念頭に置いておいて欲しい。

日本の生活保護費はアメリカの10分の1

昨今、日本では生活保護受給者が急増している。

これらを見たとき、「日本は生活保護が多すぎる」と思う人もいるだろう。

しかし、その考えは早計である。

確かに日本では、この十数年で生活保護が激増している。それはそれで大きな問題であり、解決しなければならない。が、ここでいったん、世界に目を転じてみたい。

日本の生活保護が先進諸国と比べたらどうなのか？

多いのか少ないのか、充実しているのかいないのか。

日本人は皆、日本の社会保障は先進国並みと思っている。しかし、これは大きな勘違いなのだ。

驚くべきことかもしれないが、日本は先進国と比べれば、**生活保護の支出も受給率も非常に低い**のである。

日本の場合、生活保護基準以下の人の20～30％程度しか生活保護を受けていないとされている。生活保護基準以下で暮らしている人たちのうち、実際に生活保護を受けている人がどのくらいいるかという「生活保護捕捉率」は、日本ではだいたい20％程度とされているのだ（『反貧困』湯浅誠著・岩波新書）。

つまり本来は生活保護を受けるべき状況なのに受けていない人が、生活保護受給者の4倍もいるというのである。

しかしイギリス、フランス、ドイツなどの先進国では、要保護世帯の70～80％が生活保護を受けているとされている。

また日本の生活保護はその支給額自体も、先進国に比べれば圧倒的に少ない。日本の生活保護費は、社会保障費のうちに10％にも満たない。ＧＤＰ比では0・3％であり、あの自己責任の国アメリカの1割程度なのである。

また生活保護受給者の数も圧倒的に少ない。国民のわずか1％以下であり、これもアメリカの1割程度である。

この事実は「日本は生活保護の必要が少ない豊かな国」というわけでは、もちろんない。日本では生活保護の必要がある人でも、なかなか生活保護を受けることができない。「日本は先進諸国に比べて生活保護が非常に受けにくい」国なのである。

欧米諸国は、国民の権利はきちんと守るのである（少なくとも日本よりは）。生活保護の申請を市役所の窓口でせき止めるなどということは、絶対にあり得ない。もしそんなことをすれば、国民から猛反発を受けるのだ。

繰り返すが、日本の生活保護は先進国に比べれば、まったく貧弱なのである。

低所得者に補助金、食事券が出る欧米諸国

日本の社会保障が貧困なのは、金額だけではない。その内容も、非常にお粗末なのである。

たとえば「自由競争の国」とされているアメリカは、貧困者への扶助に日本の10倍を費やしている。しかもアメリカの扶助は、日本のような生活保護一本やりではない。バリエーションに富んだメリハリの利いた保護を行っているのだ。

アメリカには勤労所得税額控除（ＥＩＴＣ）と呼ばれる補助金がある。

これは収入が一定額以下になった場合、国から補助金がもらえるという制度である。ＥＩＴＣとはEarned Income Tax Creditの略である。課税最低限度に達していない家庭は税金を納めるのではなく、逆に還付されるという制度だ。１９７５年に貧困対策として始

まった。

年収が1万ドル程度（約110万円）の家庭は、40万円程度の補助金がもらえる。これは子供を持つ家庭だけに限られる。

また片親の家庭では現金給付、食費補助、住宅給付、健康保険給付、給食給付などを受けられる制度もある。

イギリスやフランスにも同様の制度がある。

このようにアメリカは貧しく子供のいる家庭は、手厚い公的扶助が受けられる。豊かな者も貧しい者も子供がいれば一律に受けられる、日本の子供手当がいかに雑な公的扶助であるか、これでわかるというものだ。

またアメリカは子供のいない健常者（老人を除く）などに対しては、現金給付ではなく、フードスタンプなど食費補助などの支援が中心となる。現金給付をすると、勤労意欲を失ってしまうからである。

フードスタンプとは、月100ドル程度の食料品を購入できるスタンプ（金券のようなもの）が支給される制度である。スーパーやレストランなどで使用でき、酒、タバコなどの嗜好品《しこう》は購入できない。1964年に貧困対策として始められた。

このフードスタンプは申請すれば、比較的簡単に受けられる。日本の生活保護より、はるかにハードルが低い。2016年3月のアメリカ農務省の発表では、4577万人がフードスタンプを受けたという。実にアメリカ国民の8人に1人がフードスタンプの恩恵に与《あず》かっているのである。

日本にもフードスタンプがあれば餓死事件は防げた

もし日本にフードスタンプのような制度があれば、生活保護行政全体がかなり充実するし、不正受給もかなり防げるはずである。

「生活保護までは受けたくないけれど、国にちょっと援助してほしい」という人はかなり多いはずだ。また、ちょっと援助してもらえば、生活保護を受けなくて済む人、路上生活に陥らなくて済む人もかなりいると思われる。

フードスタンプがあれば、そういう人たちを救うことになるのだ。

行政側も生活保護には慎重になるが、フードスタンプならば支給しやすいだろう。北九州市で生活保護を止められた人が「おにぎりが食べたい」と書き残して餓死した事件も、もしフードスタンプがあれば防げたはずである。

「フードスタンプは自分が貧しいことを公表するようなものだから、嫌がる人が多いのではないか？」という意見もあるだろう。

しかし少しやり方を考えれば、そんな問題は簡単にクリアできる。

昨今は通信販売網などが整備されているのだから、フードスタンプで受け取る食糧を通信配給制などにすればプライバシーは守られる。

たとえば一定の収入以下の家庭には、年間数十万円分の食糧が支給されるようにするのだ。受給者はカタログみたいな見本を見て、その中から金額内の食糧を自由に選んで送付してもらうのである。

現在、食糧のネット販売をしている業者は多数ある。官庁が公募すれば、この事業をやりたがる業者はいくらでもいるだろう。そして普通のスーパーなどで買うよりも、かなり格安で食糧を支給することが可能なはずである。

生活保護費の食糧分の支給はこれで賄《まかな》うことができるので、生活保護費の削減にもつながるだろう。

また食糧の支給は現金の支給と違って、転用するのは難しい。これで不正受給をしようとする人もかなり減るはずである。不正受給が発覚した事件などを見ても、彼らは現金が欲しくてやっているのだ。だから彼らは食糧をもらってもあまり意味がない。

こういう「ちょっとした工夫」「状況に合わせた対応」が、日本の社会保障行政ではまったくなされていないのだ。

もちろんフードスタンプにも、さまざまな欠陥はあるだろう。別の意味での不正受給が生じる可能性もある。それらの問題はクリアしていく必要がある。

しかし大事なのは、**生活保護行政に多様性と利便性をもたせる**ということである。現状はあまりに硬直化しており、利便性が悪い上に、財政の無駄も招いているからだ。

貧困者向けの住宅も圧倒的に少ない

日本は直接的な社会保障だけではなく、貧困者のためのインフラ整備も圧倒的に遅れている。

その最たるものが、住宅政策である。

日本は低所得者への住宅支援でも、先進国とは思えないほど少ないのだ。

日本では住宅支援は公営住宅くらいしかなく、その数も全世帯の4%に過ぎない。支出される国の費用は、わずか2000億円前後である。先進諸国の1~2割に過ぎないのだ。

しかも昨今、急激に減額されているのである。

2000億円というのは、国の歳出の0・2%程度でしかない。また国の公共事業費の

2％に過ぎない。住む家がない人が大勢いるというのに、橋や道路を作っている場合ではないだろうという話である。

他の先進国ではこうではない。

フランスでは全世帯の23％が国から住宅の補助を受けている。その額は1兆8000億円である。またイギリスでも全世帯の18％が住宅補助を受けている。その額2兆6000億円。自己責任の国と言われているアメリカでも、住宅政策に毎年3兆円程度が使われている。

日本で公営住宅に入れる基準は「月収15万8000円以下」となっている。この基準では、子育て世代はまず入れない。子供が多くて生活に困っている世代には、まったく用をなさないのである。

しかも月収15万8000円以下の人なら、誰でも入れるというわけではない。公営住宅の総戸数が圧倒的に少ないので、抽選に当たった人しか入れない。2005年の応募倍率は9・9倍である。

つまり公営住宅は貧困対策として、まったく機能していないといっていい。

生活保護やネットカフェ難民、ホームレスなどが増えたのも、この住宅政策の貧困さゆえである。

ネットカフェ難民などの多くはなんらかの仕事をしており、なんらかの収入があるが、家賃を払えなくなったため、ネットカフェを寝る場所として利用しているのである。公営住宅にもっと簡単に入ることができれば、ネットカフェ難民の問題などすぐに解決するはずだ。

生活保護やホームレスなどもしかりである。

低所得者が生活に行き詰るのは、家賃が払えなくなったときである。家賃が払えなくなったとき、生活保護を求めるか、それができなければ路上生活に追い込まれるのである。もし日本が欧米並みの年間2兆円の住宅支援をしていれば、概算でも100万世帯以上の住宅が確保できるはずだ。日本の生活保護は半減しているだろうし、ホームレスもほとんどいないはずである。

生活保護の受給漏れは700万人以上

昨今「生活保護が増えたのは、不正受給が増えたから」と思っている人もいるかもしれない。確かに生活保護において、不正受給の問題は見過ごすことはできないものである。しかし生活保護激増の全体的な流れから見れば、不正受給はそれほど大きな存在ではない。

というのも、今の日本社会は生活保護を受給できるレベル（つまり所得が一定基準以下ということ）の人が激増している。そして実際に生活保護を受給している人というのは、そのうちのごく一部に過ぎない。

現在、生活保護以下の生活をしている人というのは、1000万人以上と推定されている。

いささか古いデータになるが2007年、厚生労働省は生活保護を受ける水準の家庭がどのくらいいるかという調査を行い、その結果を発表した（「生活扶助基準に関する検討会・第一回資料」）。この調査結果によると、低所得者層の6～7％は生活保護水準以下の生活をしていることが判明した。

仮に国民の7％とするならば、約900万人である。生活保護を受けている人は200万人なので、700万人が生活保護の受給から漏れているということである。

この700万人が生活保護の申請をすれば、その多くは生活保護を受けられるはずである。生活保護の受給者は激増していると言いつつも、実は貧困層全体から見れば氷山の一角に過ぎないのだ。

しかも、この低所得者というのは近年、急激に増加し続けている。現在、生活保護の受給漏れは、おそらく1000万人近いものと思われる。

生活保護費の50％以上は医療機関に流れている

生活保護というと、不正受給の問題や役所の不適切な対応ばかりが問題視されるが、生活保護には他にも大きな問題がある。

それは、**「生活保護費の大半は、受給者の生活費に使われていない」**というものである。あまり表面化することはないが、生活保護費用として税金から出されている金のうち、半分以上が医療費なのである。

２０１１年に生活保護費が3兆円を超えたということは、社会的に大きな問題となった。生活保護費というと、「貧困者の生活費」というイメージがある。しかしこの生活保護費のうち、半分以上は医療機関などに渡っているのだ。

これは**異常なこと**である。

生活保護費の半分が医療費ということは、家庭の支出の半分が医療費というのと同じことである。確かに生活保護受給者の中には、病人や身体に障害がある人も多い（病気や障害を理由に生活保護を受けている人は約3割程度）。だから普通の家庭よりも医療費が若干、高めになることは考えられる。しかし、いくら高めになるといっても、支出の半分が医療費になるなど常識では考えられない。この数値は、作為的に医療費が跳ね上がっているとしか言いようがないのである。

なぜ医療費がこれほど跳ね上がったのか？

それは生活保護のシステムが大きく関係している。

生活保護受給者の医療費というのは、前述したように全額が生活保護費から支給される。医療機関にとってみれば、請求すればした分だけ、自治体が払ってくれるということだ。受給者にとっても、まったく負担感はない。だから、どれだけ診療費がかかろうとお構いなしである。

最近では精神疾患を装って生活保護を不正受給するという手口も増えている。その背景にも、この生活保護と医療費のシステムがあるのだ。つまり精神疾患の診断書を簡単に出すことによって、生活保護受給者を作りだし、病院の「顧客」を増やそうという算段である。

医療機関にとって生活保護費というのは、実は重要な収入源になりつつある。

生活保護費が多いか少ないかを論じるとき、医療費の問題は避けて通ることができない。というより医療費を削減できれば、生活保護費は大幅に削減できるのである。実際、大阪市などそれをやろうとしている自治体もある。

指定病院の過剰診療とは?

生活保護のひとつとして、病院の過剰診療というものもある。

前述したように生活保護では、医療費が全額公費負担とされている。そのため病院側としては、生活保護の受給者が受診しにくければ、お金の取りっぱぐれはまったくない。むしろ**病院としては上客**といえる。

そのため生活保護の受給者に対して、過剰な診療を施して、多額の診療報酬を得る悪徳病院もかなりあるとされている。

生活保護の受給者を受診する病院というのは、生活保護指定病院だけである。生活保護指定病院とは役所があらかじめ指定し、生活保護受給者に「この病院に行きなさい」と通知した病院である。大きな病院の多くはこの生活保護指定病院となっているが、小さな医院や歯科医などは指定を受けていないこともある。

以前は、生活保護者が受診に来るのを嫌がって生活保護指定病院にならない病院もあったが、昨今は病院経営も楽ではないために、積極的に指定病院になっているケースが多いという。

現在、生活保護の指定病院になるための明確な基準はなく、病院側が申請すれば、事実上、すべて指定されている。

そして前述したように、これらの指定病院の中には過剰に診療報酬を得ているところもあるのだ。

２０１２年３月の厚生労働省の発表によると、生活保護受給者が必要以上に病院に通院する「過剰受診」は全国で３８１６人だったという。これは明るみになったケースだけであり、実際はその数倍はあると見られている。そしてこれが自治体の財政上の問題ともなっている。

また、２０１５年10月21日の読売新聞に次のような記事がある

生活保護の人、医療費割高…「自己負担なし」で過剰な診療？

生活保護受給者の医療費は、国民健康保険に加入する同じ病気の患者より高くなる傾向があり、高血圧を持つ患者では１・５倍に上ったとの調査結果を、大阪大の研究班がまとめた。

国の生活保護費は３兆６０００億円を超え、その半分を医療費が占める。生活保護受給者の医療費は自己負担がないため、医療機関が過剰な診療を行っている可能性が

指摘されていた。医療の適正使用の議論に一石を投じそうだ。

22日から大阪府内で開かれる日本心不全学会で発表される。調査は、2011年から15年5月分までの大阪府内のある市の国民健康保険（国保）に加入している約3万5000人と、生活保護（生保）受給者約5000人の診療報酬請求データを集計、分析したもの。

このように悪徳病院らによって、**生活保護は食いものにされている**のだ。

生活保護費が急増しているという報道の背後にある闇を、われわれはしっかり見ていかなければならないのである。

矛盾だらけの生活保護

日本の生活保護は、

「支給すべきところに支給されず、支給してはならないところに支給されている」

のである。

生活保護が受けられずに餓死してしまう、という事件が時々聞かれる。そのたびに、「なぜ、こういう人が生活保護を受けられないのか」「なんのために生活保護があるのか」という世論が沸騰する。

その一方で、「生活保護を受給しながら贅沢な暮らしをしている人」や「多額の生活保護を騙しとっていた人」などの報道がされるときもある。本当は高収入があるのに生活保護を受けていた、暴力団関係者が生活保護で豪遊していたなどというケースが後を絶たない。

また最近では、暴力団関係者じゃなくても不正受給をするものが増えているようである。ネットなどの情報で知恵を得て、精神疾患を装って生活保護の不正受給をするケースが増えているとみられる。

なぜこのようなことになるのか？

なぜ生活保護は本当に困っている人を助けてくれず、ずるいことをする人ばかりがいい目を見るのか？

最大の要因は、生活保護システム自体にあるといえる。

現在の生活保護システムは矛盾だらけ、欠陥だらけなのである。

なぜ自治体は生活保護の支給を渋るのか？

生活保護システムの最大の欠陥点は、**責任の所在が明白ではない**ということである。本来、生活保護は憲法で定められている国民の権利なので、国が責任をもってやらなければならない。

が、現在、生活保護制度というのは、地方自治体が窓口となっている。そして予算の面でも、国と自治体が出しあう形になっている。それが責任のあいまいさを生んでいるのだ。

そもそも生活保護費というのは、国が全部出さないとならないはずだ。憲法で定められた国民の権利であり、地域によって生活保護が受けやすい、受けにくいなどのばらつきがあってはならないからだ。

しかし実際は、生活保護の費用を4分の3を国が出し、4分の1を地方自治体が出している。地方が支出している4分の1は、国から出されている地方交付税で賄われているという建前になっている。だから建前の上では、国が全部出していることになっている。が、地方交付税は、生活保護費に関してひも付きで支給されているわけではない。「生活保護費は地方交付税の中で賄ってくれ」という話に過ぎない。そのため生活保護費が増えれば、地方自治体の財政は圧迫されることになる。

こうなると地方自治体としては、なるべくなら生活保護は受け入れたくない。特に財政事情の苦しい自治体や生活保護者の多い自治体は、その傾向が強くなる。

餓死者を何名も出している悪名高き北九州市などは、まさにこの典型である。

北九州市は旧炭鉱地を抱え、貧困者が非常に多い。しかも市の財政は火の車である。だから市の職員は、生活保護に関して組織的にブレーキをかけられていたと思われる。

「新規の受け付けは極力避ける、そして現在の生活保護者も、なるべく辞退させるように働きかける」

市の職員は、組織的にそういう指示を受けていたはずだ。それは北九州市に限らず、全国の財政が苦しい自治体で同様だったはずだ。

それが、たびたび餓死者が出てしまう原因なのである。

福祉担当者の「水際作戦」とは？

財政が苦しい自治体は、なるべく生活保護を支給したくない。でも前述したように、生活保護というものは、条件さえ満たしていれば、誰でも受けられるものである。

では、自治体はどうするのか？

違法ギリギリ（もしくは違法）の対応をして、生活保護の申請をブロックするのである。

ブロックの方法は、「水際作戦」「硫黄島作戦」などと言われている。

水際作戦とは、生活保護の申請に訪れた人に対して、

「あなたはまだ働けるでしょう」

「親戚に頼んでみては」

などと言って、申請書を渡さない方法である。またこれらの言葉はまだいいほうで、人格を否定されるようなことを言われることもしばしばだという。

申請に訪れた人が実際に申請をする割合は、２００４年の会計検査院の調査で30・６％だったという（「社会保障費支出の現状に関する会計検査の結果について」２００６年10月）。つまり申請に訪れても７割の人は、窓口で追い返されているわけだ。

そもそも生活保護の申請をしに行くという時点で、その人は相当、困窮しているはずである。そういう人たちの７割をも追い返しているのだ。どれだけ非人情的なことをしているのか、という話である。

この検査結果は２００４年のものであり、今から10年前のものである。なぜか、これ以

降、会計検査院は同様の報告を発表していないのだ。

現在は、これよりは改善されていることを願いたい。

が、完全に改善されているはずはなく、むしろ数値的にもそれほど大差はないといえる。

生活保護の受給漏れが、これだけいるという現状があるのだから。

生活保護の受給を辞退させる「硫黄島作戦」

また窓口で申請者を追い返す「水際作戦」だけではなく、**「硫黄島作戦」**という方法もある。

硫黄島作戦というのは生活保護の申請をし、生活保護を受給している人に対して、あれこれと難癖をつけて、生活保護の受給を打ち切らせるというものである。

太平洋戦争中、硫黄島の戦いで日本軍はアメリカ軍を水際で食い止めることはせず、いったん上陸させた上で反撃するという作戦をとった。

そのため生活保護を受けている人の支給を取り消しすることは硫黄島作戦と呼ばれるようになったのだ。

「硫黄島作戦」では生活保護の受給者に対して、生活保護を自ら辞退させるという方法がとられる。生活保護の必要があるのに、役所が勝手に生活保護の支給を止めることはできない。生活保護の支給を停止するには、受給者が収入を得られるようになったり、生活保護がなくても生活が安定するなどの高い条件をクリアしなければならない。

しかし建前の上では、受給者本人が自ら辞退するなら、とりあえず法的な問題はない。そのため生活保護受給者を追い込んで、辞退届を書かせるのである。

北九州の「おにぎり食べたい」と書き残して餓死した事件でも、生活保護の辞退届を書かせている。

日本では、生活保護を受ける資格があるのに受けていない「受給漏れ」が生活保護受給者の何倍もいるということを前述したが、それはこういう役所の対応にも大きな要因があるといえる。

役所の対応は、違法行為に近い

このような「水際作戦」「硫黄島作戦」は、実は違法行為に近いものである。

というより、裁判を起こされれば、絶対に役所側が負けるものである。

一般の市民は、「役人が言うことは法律に適正なものだ」と思ってしまう。だから役人から「あなたは生活保護を受ける資格がないから申請書は渡せない」と言われれば、「そうか」と思ってしまう。

しかし役人が窓口でいろいろと難癖《なんくせ》をつけて生活保護の申請書を渡さないというのは、その行為そのものが実は違法なのである。

国民が生活保護の申請をすれば、役所は原則として必ず受理しなければならない。そして申請者が生活保護の受給要件を満たしていれば、生活保護は開始される。

もし申請者に生活保護受給の資格がないのなら、申請を受け付けた上で却下するというのが正規の手順なのである。

申請書を渡さないで追い返すというのは、まったくデタラメなやり方なのである。

役所がなぜこのようなデタラメなやり方をするのかというと、〝申請希望者のほとんどが生活保護の受給資格がある〟からなのだ。つまり生活保護受給の資格がないから追い返すのではなく、その逆なのである。

役所としては申請をすべて受理していれば、生活保護者が急増してしまう。そのために役所は申請を受理する前に、役所の窓口で申請希望者を追い返してしまうのである。

これは昭和56年11月に当時の厚生省から出された「生活保護の適正実施の推進について」という通知以降のことだと言われている。この通知が出された当時、暴力団の不正受給が問題化していた。そのため厚生省は各自治体に対して「不正受給をなるべく防ぐように」という指示の通知を出したのだ。

各自治体はこの通知以降、生活保護の相談・申請があっても、極力追い返すという方針を取るようになった。それがエスカレートして「生活保護の申請をさせないことが、役所の仕事」となっていったのだ。

福祉と労働行政がリンクしていない

福祉事務所のケースワーカーは生活保護の受給者に対して、「就労の指導」を行うこととされている。

が、この「就労の指導」というのが、まったく無責任なのである。

本当に生活保護受給者の生活を立て直すためには、具体的な職を紹介するなどをしないと、なんの役にも立たないはずだ。

「あなたは健康だから働ける」

などと連呼するだけでは、「就労の指導」とはとても言えないのである。

健康だから働けるといっても、世の中にはまともに働いても生活保護以下の収入しか得られないワーキング・プア状態が蔓延《まんえん》しているのである。

本当に「就業の指導」をするというのなら、ちゃんと生活保護以上の収入が得られる仕事を紹介しないと、意味はないのである。

「あなたは働ける」けれど、「働く場所は自分で探せ」と言うだけなら、「就業の指導」などないほうがマシである。生活保護受給者というのはちゃんと健康で食っていけるだけの仕事を得られなかったから、生活保護の申請をしているのである。

そもそも生活保護受給者の面倒を見たり、指導したりする役割の「ケースワーカー」の人数が実は非常に少ないのである。

ケースワーカーは一人当たり、だいたい80件以上の生活保護受給者を担当している。80件以上の生活保護受給者を担当していれば、ほとんど事務処理だけで忙殺されてしまうだろう。定期的に受給者の家を訪ねて生活状況を聞いたり、就職の指導をしたりすることは、まず不可能に近い。

生活保護の受給者がどんな生活を送っているのかもあまり把握されないし、就職の世話や就職に結びつくような指導などもほとんど行われていない。一応、制度はあるにはあるのだが、ほとんど機能していないのだ。

ケースワーカーがもっと増えれば受給者の指導なども行き届くし、受給漏れも減るだろうし、不正受給も減らせるはずである。

日本の行政は大事な部分で予算をケチるので、**かえって高くつくというケース**が非常に多いのである。

縦割り行政で福祉が非効率

そもそも日本の社会保障は、管轄する官庁がみなバラバラで相互の連絡もなく有機的な機能性がまったくない。失業保険（雇用保険）、年金、生活保護すべて管轄が異なっている。失業保険と年金、生活保護などは、それぞれが連携すれば、今よりはるかに効率的な社会保障ができるはずだ。

たとえば「年金の額をもう少し増やせば、生活保護を受けずに済む」というケースは多々ある。

この場合は年金の額を補助すれば、生活保護は支給しなくても済むので、**国家全体としても安上がり**になる。

「失業保険をもう少し長くもらえれば、年金につながり生活保護を受けなくてもいい」というようなケースも多々ある。この場合も失業保険の支給期間を少し延ばせば、国全体の支出が減るのである。

またその逆に、必要もないのに失業保険をもらい、その後悠々と年金をもらうというケースも非常に多い。そういうケースでは失業保険の支給はしない処置をするべきだろう。

現在の制度では、年金は年金、生活保護は生活保護、失業保険は失業保険というふうに各自が独立し、相互の協力関係はまったくない。これは結局、巨大な無駄を生んでいるのだ。

予防編

第3章

自力で年金を増やす方法

老後の制度設計を早めにしておく

本書は、老後破産を防ぐための方策を紹介するのを趣旨としている。

老後破産を防ぐには、大まかに言って二つのルートがある。

それは、「予防」と「治療」である。

「治療」というのは、実際に老後破産寸前になっている人がそこから抜け出すための方策である。それについては、本書の前半で述べてきた。

後半では、「予防」についてご紹介していきたいと思う。

老後破産を防ぐには、あらかじめ予防しておいたほうがスムーズにことが運ぶ。老後まで若干の時間的猶予がある人は、事前にさまざまな方策を講じることによって老後破産の危険を避けることができる。

そういう「予防」をしておくことが、まず第一なのである。

老後破産の予防で一番大事なことは、「老後生活の制度設計」を早めにしておくということである。

現役で働いているときは、なかなか老後のことまで頭がまわらないものである。毎日忙しく働いている中で自分が老後を迎えるなんて信じられない、という人も多いだろう。

しかし誰にでも老後は、必ずやって来るのである（若くして死なない限りは）。どうせ来るものなのだから、準備はしておくに越したことはないのだ。

早期退職優遇制度は絶対に受けるな！

業績の悪い会社が「早期退職優遇制度」を打ち出すことがある。これに応じて退職すれば、「退職金が割増しでもらえますよ」という制度である。

この制度に関しては、**はっきり言うと受けないほうがいい**。

なぜなら早期退職をしたばかりに、老後破産する人もけっこう多いからだ。

早期退職制度が出されたときは、社員としては「会社はそんなに悪いのか…」「会社がつぶれる前に、退職金をもらって転職したほうがいいかも」と思ってしまう人もかなりいるかと思われる。

そして会社は「今辞めれば退職金を倍払う、再就職先は必ず世話をする」などの条件を出してくる。

しかし、いくら条件が良くても、なんの準備もなく退職するより職にとどまっていたほうが有利な場合が多いのだ。

たとえば退職金に2000万円の上乗せがあったとしても、次の就職先のあてがないのなら、4、5年でなくなってしまう。

もし1億円の退職金の上乗せがあるのだったら、辞めてもいいだろう。または待遇がほとんど変わらない次の就職をあっせんしてもらうなど再就職への支援が厚いというのなら話は別である。が、そんなことはまずない。

「でも会社は危ないんだから、退職金が多いうちに辞めたほうがいいんじゃないか」

「下手に残っても、退職金はもらえないいんじゃないか」

と思う人もいるだろう。

でも本当に危ない会社というのは、早期退職優遇制度などは行わない。もっとドラスティックにリストラを敢行しているはずだ。早期退職優遇を行っているということは、まだ会社に余裕があるのだ。だから、辞めるよりは残ったほうが安全といえる。

貯金はあまり役に立たない

老後の制度設計をする際に、まず念頭に置いておいてもらいたいのは、

「貯金はあまり役に立たない」
ということである。

しばしばビジネス誌の特集などで、「老後の生活には貯金はいくら必要か」という記事が掲載される。が、老後の経済生活を貯金中心で設計するというのは、絶対にナンセンスなことなのである。

なぜかというと、まず第一に老後生活が何年続くかわからないからだ。

65歳から貯金切り崩し生活に入るとして、数年で終わるかもしれないし、30年以上続くかもしれない。つまり老後生活にいくらかかるかは、個人差がありすぎて、まったく一概には言えないのである。となると貯金で老後生活を賄おうとするのなら、用意しておくべき額の見当をつけるのが非常に難しくなる。生活費を数年分用意するのと、30年分用意するのとでは、まったく額は違ってくるからだ。

貯金で老後資金を用意しようとということになると、やはり老後の期間を長めに設定しなければ、まずいことになる。

平均寿命になれば、皆、死ぬのなら、平均寿命までの生活費を用意していればいいだろう。しかし人の寿命とは、そういうものではない。

平均寿命で死ぬのは、全体の半分の人である。残りの半分の人は平均寿命よりも長く生きるのだ。つまり平均寿命よりも長く生きる可能性が50％もあるのだ。

だから老後の資金を貯金で賄おうと思えば、相当な年数分を用意しなければならない。

１００歳までの生活費を用意していても、もしかしたら足らないかもしれない。

20年分しか用意していない場合は、それ以上長生きすれば、たちまち貯金が底をつくことになるからだ。だから貯金で老後生活を賄おうと思えば、だいたい30年分は準備しておかなくてはならなくなる。

しかも長生きすればするほど自分の生活費の残高が減っていくというのは、精神衛生上、非常に良くないといえるだろう。

そして、もし大きな病気をすれば、貯金などは一気に吹っ飛んでしまう。老後破産してしまう人の多くは、病気が関連している。自分や家族が大きな病気をしたために、生活設計が狂ってしまうのである。病気に対する備えというのは、貯金ではなかなか対応できるものではない。

つまりは貯金を中心にして老後を賄うというのは、**非常に大変で危険**なのである。

もちろん何億円も貯金を持っているというならば、話は別である。それくらい貯金を持っていれば、普通の老後生活ならば十分に賄える。しかし、そうでないならば、貯金で老後生活を賄おうとは思わないことである。

断わっておくが、筆者は「貯金は全然なくてもいい」と言っているのではない。貯金は多いに越したことはないし、ある程度の貯金はないと生活はしていけない。筆者が述べているのは、老後の生活を**「貯金を中心にしてはダメ」**と言っているのである。貯金以外のものを柱にしておくべきだ、ということである。

では、貯金以外のなにを柱におくべきなのか？

まず一番の柱にすべきなのは、やはり年金だといえる。

年金の最大の長所は、「死ぬまで定期的に一定のお金がもらえる」ということである。どんなに長生きしたとしても、「あなたは長生きしすぎたから打ち切り」というようなことはない。これが、貯金と大きく違うところである。

自分で年金を増やす方法

前項で述べたように老後の生活を設計する上で、もっとも頼りになるのは年金である。財政赤字と少子高齢化の影響で、年金の支給額は今後減らされていく恐れはある。が、それでも一番あてになるのは年金だといえる。

なぜかというと、前述したように年金は死ぬまでもらえるからだ。預貯金のように、使えば使うだけ減っていくものではない。

だから老後破産の備えとして、まず考えるべきなのは、自分がもらえる年金の額を目いっぱい増やしておくことである。

年金というものは、自分では増やせないと思っている人も多いようである。

特にサラリーマンの場合は年金の掛け金も決まっているし、年金の支給額も自動的に決められると思っている場合が多いだろう。

しかし、年金は工夫次第で増やせるのだ。

年金は支給方法がいろいろあり、その選択だけでも支給額が違ってくる。

また確定拠出年金という、年金の補完制度もある。これに加入すれば、自分で年金の掛け金を増額し、支給額も増やすことができる。

さらにあまり知られていないが、民間の個人年金に入るという手もある。

実は年金には、公的年金と個人年金がある。

普通、年金というと、公的年金のことを指すが、民間の保険会社が売り出している個人的な「年金商品」があるのだ。

これらの方法を順に紹介していきたい。

年金はなるべく遅くもらう

年金というのは、もらい方によって毎月もらえる金額やトータルでもらえる金額が違ってくる。年金のもらい方次第で、あなたの老後の生活が左右するといっても過言ではない。

しかし年金という制度は、ややこしいものである。

国会などでもいろいろ問題になっているが、年金制度は複雑怪奇になっており、それが**国民の不安を必要以上にあおる**ことにもなっていると思われる。

年金のもらい方を考えるとき、まず大事なことは、年金はなるべく遅くもらったほうがいいということである。

年金は通常65歳からもらえることになっているが、繰下げ支給や繰上げ支給というものもある。

繰下げ支給というのは年金の支給開始時期を遅らせる代わりに、毎月の年金の額を上乗せするというものだ。

繰上げ支給とは毎月の年金の額を減らす代わりに、本来は65歳以上にならないともらえない年金の支給時期を早めるというものだ。

請求時の年齢	増額率
66歳0ヵ月～66歳11ヵ月	8.4%～16.1%
67歳0ヵ月～67歳11ヵ月	16.8%～24.5%
68歳0ヵ月～68歳11ヵ月	25.2%～32.9%
69歳0ヵ月～69歳11ヵ月	33.6%～41.3%
70歳0ヵ月～	42.0%

65歳より後でもらうようにしていれば、年金額が加算されるのである。

基礎年金の加算額は上表の通りだ。70歳での支給にすれば、なんと42％も増額されるのである。現在の基礎年金の支給額が満額で78万１００円なので、これに30万円以上の加算がされるわけである。厚生年金も基本的には同じ加算率だが、諸条件によって繰下げ支給ができない場合もあるので、詳細は社会保険事務所等で重々確認されたい。

逆に65歳より早く支給を受ける「繰上げ支給」にしてしまえば、最大（60歳からの支給）で30％もの減額支給になる。つまり60歳で支給を開始した場合と、70歳で支給を開始した場合は、支給金額が70％以上も違ってくるのである。ほぼ倍である。しかも、これが一生続くのだ。

定年退職した後、収入がない人は繰上げ支給を使うケースも多いようである。また「自分はどうせ長生きできないから年金を早めにもらいたい」と、繰上げ支給を選ぶ人もいるようだ。しかし、これはできるだけ避けたほうがいいのだ。

年金は遅くもらうと税金面でも有利

しかも年金は遅くもらうほど、税金面でも有利になる。

実は年金にも、税金がかかってくる。

税金によって年金の額が大きく減ってくるケースもままあるのだ。

年金に関する税金でまずポイントになるのは、65歳未満と65歳以上では税金の額が大きく変わってくるということである。

次ページの表のように65歳未満の人は公的年金を70万円以上もらえば、税金がかかるようになる。まあ基礎控除や社会保険料控除があるので、70万円を超えればすぐに税金がかかるというものではない。実際には、だいたい130万～150万円くらい公的年金をもらっている人には税金がかかってくるようになる。

でも65歳以上であれば、公的年金は120万円以上にならないとかかってこない。基礎控除や社会保険料控除を考慮すれば、180万～200万円くらい公的年金をもらっていないと税金はかかってこない。

たとえば60歳で、公的年金を２００万円もらっている一人暮らしの人がいるとする。社会保険料を30万円くらい払っているとして、税金は住民税と合わせて7万円近くも取られてしまう。

しかし、この人が65歳でまったく同じ額の年金をもらっていた場合、税金は2万円足らずしかかってこないのだ。

その差は5万円もある。２００万円の収入のうち5万円も税金が違うというのは、けっこう大きいはずだ。

どうしても生活資金が足りず、年金の繰上げ支給を受けたいという人も、なるべく支給額を少なくしておくことである。繰上げ支給には、もらえる年金を全部繰上げる方法と、一部だけを繰上げる方法が選択できるようになっているのだ。だからもらえる額をうまく調整して、税金がかからないようにしたいものである。

年金額を一挙に増やせる「確定拠出年金」

自分で年金を増やす方法として「確定拠出年金」を使うということが、まず第一に挙げられる。この確定拠出年金を使えば、年金の支給額を一挙に増やすことができる。老後の

公的年金等に係る雑所得の速算表(平成17年分以後)

年金を受け取る人の年齢	(a)公的年金等の収入金額の合計額	(b)割合	(c)控除額
65歳未満	(公的年金等の収入金額の合計額が700,000円までの場合は所得金額はゼロとなります。)		
	700,001円から1,299,999円まで	100%	700,000円
	1,300,000円から4,099,999円まで	75%	375,000円
	4,100,000円から7,699,999円まで	85%	785,000円
	7,700,000円以上	95%	1,555,000円
65歳以上	(公的年金等の収入金額の合計額が1,200,000円までの場合は、所得金額はゼロとなります。)		
	1,200,001円から3,299,999円まで	100%	1,200,000円
	3,300,000円から4,099,999円まで	75%	375,000円
	4,100,000円から7,699,999円まで	85%	785,000円
	7,700,000円以上	95%	1,555,000円

たとえば65歳以上の人で
公的年金等の収入が350万円の場合、
税金がかかる所得の計算は次のようになる。

**3,500,000円×75%－375,000円＝
2,250,000円**

備えとして、重々、検討しておいて欲しいアイテムだ。

確定拠出年金とは、個人的に年金に入れるという制度である。掛け金も自分で自由に決めることができる。

もともとは企業年金を持たない中小企業や自営業者のために作られた制度だが、企業年金を持っている大企業の社員でも一定の条件をクリアしていれば入ることができる。

企業年金を持たない中小企業のサラリーマンや自営業者の場合は、掛け金の上限が月6万8000円である。企業年金のある企業のサラリーマンの場合は、上限2万3000円である。

確定拠出年金は、自分自身で銀行や証券会社などの管理会社が用意している金融商品で運用するという仕組みになっている。運用に成功すれば、その分もらえる年金額は大きく増えることになる。もちろん、その逆もある。

また元本保証という商品もあるので、運用などが苦手な人でも加入することができる。

しかも、この確定拠出年金は、所得税が大幅に安くなるというメリットがある。

サラリーマンの場合、月額2万3000円までの掛け金が全額控除となるのだ。年間では27万6000円までの掛け金が所得控除になるのだ。この所得控除により、平均的なサラリーマンの場合、年間4〜5万円の節税になる。

つまり年間4～5万円の税金の補助を受けながら、27万円の年金を積み立てているのと同じことなのである。自分の負担は、実質的に22～23万円でいいのである。

豊かな老後を過ごすためには、ぜひこの確定拠出年金には入っておきたい。

個人年金とはなんだ？

次に「個人年金」をご説明したい。

個人年金というのは、毎月一定額を積み立てておけば、老人になったとき（60歳以上など保険によって支給年齢は違う）に一定額をもらえるというものだ。「毎月いくらずつ、何年間もらえる」という仕組みである。

また終身年金のタイプなどもある。これは、死ぬまで一定の年金がもらえるという商品である。仕組みとしては、公的年金と同じである。これに入っておけば、一定年齢（65歳など）以降に年金としてお金がもらえるのだ。

この終身タイプの年金は平均寿命よりも少し長生きすれば、元は取れるような設定になっている。だから長く生きれば生きるだけ、得をするという保険である。また5年保証、10年保証などが付けられた商品もある。この場合、早く死亡した場合でも、保証期間分の年金は遺族がもらえることになっている。

個人年金は、金融商品としては貯蓄と似たようなものである。煎じ詰めれば、毎月一定額の掛け金を払い、保険会社はそれに一定の利息をつけて積み立ててくれるというだけだからだ。

個人年金の利率は、他の金融商品に比べて決していいとは言えない。銀行に預金したときと同じか、場合によっては悪いこともある。だから考えようによっては、定期預金や投資信託などをしたほうが有利だと言える。

それでも冒頭でも述べたように、老後の生活を貯金で賄おうとするのは、かなり無理がある。年金で準備するのが一番効率的で、無理がない。早死にすれば損をするかもしれないが、年金を厚くしていたほうが絶対に気楽な老後を送れるのである。

だから貯金や投資をするくらいなら、そのお金で個人年金に入っていたほうがいいといえる。

しかも、個人年金には**「節税」という特典**もある。

個人年金に加入することにより、所得控除を受けられるようになるのだ。

個人年金保険の控除額の計算方法は、次のようになる。

年間8万円以上の保険料を払い込んでいれば、4万円の個人年金保険料控除が受けられる。これが最高額である。これ以上掛け金を増やしても控除額は増えない。

また住民税は年間5万6001円以上の保険料の払い込みをしていれば、2万8000円の個人年金保険料控除を受けられる。住民税はこの金額が最高額で、これ以上掛け金を増やしても控除額は増えない。

つまり年間掛け金が8万円以上の個人年金に加入していれば、所得税、住民税合わせて最高で6万8000円の所得控除を受けられるのだ。

これは戻ってくる税額に換算すれば、平均的サラリーマンでだいたい1万円程度になる。この節税分を含めれば、個人年金は他の金融商品よりもはるかに有利な金融商品となる。

個人年金の掛け金は、だいたい1万〜2万円である（口数を増やすことは可能）。だから、年間の払込額は12万〜24万円ということになる。

税金で約1万円が戻ってくるので、払込額のうちの1万円は税金で賄っているのと同じことになる。

払込額12万円のうちの1万円を税金で賄えるとすれば、相当なものだろう。

税金で賄う分を利息だと考えれば、約8％にもなる。8％の利息がつく金融商品など、なかなかないはずだ（この場合、複利計算にはならないが）。

個人年金の所得控除を受けるには、個人年金に「個人年金保険料税制適格特約」を付加

所得税の個人年金控除の計算方法

年間の掛け金の合計	控除額
2万円以下	支払金額全部
2万円を超え4万円以下	支払金額÷2+1万円
4万円を超え8万円以下	支払金額÷4+2万円
8万円超	4万円

住民税の個人年金控除の計算方法

年間払込保険料	保険料控除額
1万2000円以下	支払保険料全額
1万2000円を超え3万2000円以下	支払保険料 × 1/2 ＋ 6000円
3万2000円を超え5万6000円以下	支払保険料 × 1/4 ＋ 1万4000円
5万6001円以上	一律 2万8000円

「個人年金保険料税制適格特約」の条件

1. 年金受取人がご契約者またはその配偶者である。
2. 年金受取人が被保険者と同一人である。
3. 保険料の払込期間が10年以上である（一時払のご契約には付加できません）。
4. 年金の種類が確定年金の場合、つぎのすべてに該当している。
   - 年金支払開始日における被保険者の年齢が60歳以上であること。
   - 年金保証期間が10年以上であること。

しなければならない。が、「個人年金保険料税制適格特約」は、そうややこしいものではなく、普通の個人年金であればクリアできるものだ。それでも念のため、加入するときには、「個人年金保険料税制適格特約」が付加されているかどうかを確認しておきたい。

「保険料を減らせばいい」という大間違い

老後の生活において、年金の次に重要になってくるのが医療保険、生命保険である。サラリーマンが生活費を見直すときには、この医療保険がやり玉に挙げられることが多い。しかし医療保険というのは、現役時代にはあまりピンとこないものだが、老後の生活には非常に大事になってくるのである。

老後破産をする人の多くは、病気がらみである。病気の治療費、入院費が重くのしかかって生活が破綻するというケースが非常に多いのだ。

だから医療保険、生命保険というのは、老後の備えの一部と思っておいたほうがいい。これまで保険についてあまり考えず、保険の外交員の人の言いなりになって保険に加入していた人も、けっこういるはずだ。そういう人は、なるべく早く、今一度、自分の加入している保険の内容を検討してみるべきだろう。

その際に、保険を削るだけ削ろうとは思わないことである。保険は普通の健康な生活を送っている間は無駄なもののように思えるが、いざというときに命運を握るものなのである。

貯蓄性のある生命保険も決して無駄ではない

また医療保険、生命保険は、節税にもなる。

生命保険に入っている人は個人年金と同様の算出方法で、所得控除を受けることができるのだ。

所得税の場合は、年間8万円以上の生命保険に加入していれば年間4万円の所得控除が、住民税の場合は5万6001円超の掛け金で2万8000円の所得控除が受けられるのだ。

この所得控除により、平均的サラリーマンで7000円から1万円程度の節税になる。

医療保険、生命保険の商品には、保険部分と貯蓄部分があるものが多い。

月1万円以上の生命保険は、だいたい保険部分と貯蓄部分の両方を持っている。つまり、死亡やけが、病気などのときに保険金が支払われる「保険部分」と、掛け金の一部が積み立てられ、満期になったり解約したりするときにもらえる「貯蓄部分」を兼ね備えているのである。

「掛け捨て」と言われる生命保険は貯蓄部分がなく、保険部分だけで構成されているものだ。返戻金がなく掛けたお金はまったく返ってこないので、「掛け捨て」と言われている。もちろん掛け捨てなので、保険料は安くなっている。

最近では「保険で貯蓄するのはバカバカしい」と主張する人もけっこういる。「生命保険の貯蓄部分は利率が非常に低いので、まったく意味をなさない、それより掛け捨ての生命保険に入って、保険料を安く抑えるほうがいい」という主張である。

保険料の金額だけを見れば、確かに掛け捨てにすれば、かなり割安になる。生命保険の貯蓄部分は利率がそれほど高くないし、預貯金のように自由に引き出せるわけではないから、貯蓄部分をはずして普通に預貯金していたほうが便利のようにも見える。

しかし節税分を利子と考えれば、貯蓄性のある保険は決して無駄なものとはいえない。年間10万円の掛け金で7000円から1万円の節税になるのだから、節税分を利回りと考えれば、7％から10％という高利率の商品となるのだ。

民間介護保険

また医療保険と似たようなもので、民間介護保険というものもある。

民間介護保険というのは公的な介護保険とは別に、民間の保険会社が発売している保険商品のことである。

これに加入していれば、介護が必要になったときに、一定のお金を受け取れるというものだ。

この個人介護保険も掛け捨てだけではなく、貯蓄性のあるものもある。

掛け捨ての場合は月数千円だが、貯蓄性のあるものは月1万円以上となる。そして、これも個人年金と同じ計算式で、所得控除を受けることができるのだ。

つまり最高で所得税は4万円（掛け金が8万円超）、住民税は2万8000円（掛け金が5万6000円超）の所得控除が受けられるのだ。

生活が苦しいときに融資が受けられる「生活福祉資金」とは？

老後の生活や失業したときなど、どうしてもお金が足りなくなる瞬間があるかもしれない。

生活が苦しくなったときは、消費者ローンや闇金などに手を出しがちである。そういうときは切羽詰まっているので、いろいろ考える余裕がなく、とりあえずお金を貸してくれるところに頼ってしまう。しかし前述したように消費者ローン、闇金などでお金を借りれば、いざ生活保護を受けようという段階になって、面倒なことになる。またそもそも収入がないときに消費者ローン、闇金などに手を出すと、その後の生活はもっと苦しくなってしまう。切羽詰まったときこそ、借金は上手にしなければならないのである。

ここで「生活福祉資金」という制度を念頭に置いていただきたい。

これは各地区の福祉協議会が行っている制度で、老後の生活が苦しい人、所得の低い人や失業などで所得が激減した人などを対象に生活資金の貸付を行っている。

この生活福祉資金は、平成21年10月に失業などが増えていることを踏まえ、低所得者向けの貸付が大きく拡充されている。

主な内容は次の通りである。

- **生活支援資金15万円以内**（二人以上の世帯20万円）
- **生活再建資金60万円以内**
- **住宅入居資金40万円以内**

また家を持っている人は、不動産を担保にして借り入れをすることもできる（詳しくは後述）。

申込者は、原則として連帯保証人を立てることが必要だが、連帯保証人を立てない場合も借入申込をすることができるようになっている。

貸付利子の利率は、連帯保証人を立てる場合は無利子、連帯保証人を立てない場合は年1・5％である。普通の融資に比べれば、圧倒的に安いといえる。

この生活福祉資金は、ハローワークで求職していることなどが条件である。市区町村社会福祉協議会に行けば、申し込むことができる。

老後に思わぬ出費で困っている人、リストラなどで窮地に立っている人、お金に困っている人は、まず各地区の福祉協議会に相談してみたい。

福祉協議会の所在地、連絡先などは、市町村に問い合わせれば教えてくれる。また他にも、自治体によっては独自に生活が苦しい人向けの融資を行っているところもある。これは、各自治体に問い合わせてみて欲しい。

そして、この「生活福祉資金」や「自治体の融資」も返せなくなったときには、もう生活保護を申請するべきだろう。

自治体側としても、「公的融資の返済が滞っている」という記録が残っている以上、「生活に困っていることを把握していなかった」という言い逃れはできない。だから、**生活保護の申請もしやすくなる**はずだ。

予防編

第4章

老後は住む場所で全然違う

終の棲家の問題

老後の経済生活では、年金とともに大きな比重を占めるのが住居問題である。老後は現役時代に比べれば、かなり収入が減る。だから、なるべく支出は抑えなくてはならない。そして支出の中で結構な大きさになるのが、住居費である。

住居の問題は、費用のことだけではない。

老後の生活をどうしていくかということを考えた場合、どこに住むかということが非常に重要になってくる。

たとえば国民健康保険料などは、住む場所によって大きく違ってくる。

現役のサラリーマンであれば、どこに住んでいても社会保険料はほとんど同じである。しかし会社を辞めれば、社会保険料は住む場所によって大きく違ってくる。月に数万円変わってくることもある。これが数十年続くのだから、場合によっては数百万円単位で違ってくる。収入源が限られる老後の生活にとって、これは捨て置けぬことである。

もう家を持っていて、ずっとそこに住む覚悟をしている人は選択の余地はないだろう。が、賃貸住宅に住んでいる人や退職などを期に住み替えを考えている人は、社会保険料も重要な検討材料としなくてはならない。

住む場所によって違うのは、社会保険料だけではない。行政サービスもまったく違ってくる。前述したように生活保護の受けやすさや生活保護の中での家財道具費用などの支給は、自治体によって違ってくる。またあまり知られていないが、上下水道の料金も住んでいる地区町村によってかなり違っている。10～20％くらい変わってくることもあるのだ。

さらに自治体によっては、さまざまな補助金を支給しているケースもある。高齢者の住居費の補助が出る自治体、バリアフリー工事の補助を出してくれる自治体などもある。老人ホームの充実度なども視野に入れておかなければならない。

まずは退職した後、どこに住むか。自治体のホームページなどをながめて、行政サービスをしっかりチェックするべきだと言える。

この章では住む環境をどうすればいいかということについて、検討、提案をしていきたいと思う。

持ち家の人はほとんど老後破産しない

老後の住居に関しては、まず貸家にするか、持ち家にするかという問題がある。すでに家を持っている人、もともと親などの家に住んでいる方は心配ないが、賃貸住宅に住んでいる人、会社の借り上げ住宅や社宅に住んでいる人にとって、かなり重大な問題になる。

家賃というのは、バカにならない。特に都会で住んでいるほとんどの人にとっては、生活費に占める最大のものが住居費となっているだろう。

賃貸がいいか、持ち家がいいかということは、よく議論されることである。

経済的な面を見た場合、賃貸と持ち家ではほぼ同じくらい支出になるということが時々、いわれる。確かに賃貸と持ち家では支出の面ではそれほど大きな差はないので、「家を買ったほうが得」とはいえない。

が、持ち家の場合は購入代金を払ってしまえば、住居費は著しく少なくなる。一戸建てなら固定資産税くらいしかかからないし、マンションではそれに管理費等がかかる程度である。家賃に比べれば、断然安い。

これは老後の生活の精神衛生上、非常に大きいはずである。

平均寿命で計算すれば、両者の損得はそう変わらないかもしれないが、年金の項でも述べたように人はいつまで生きるかわからない。

貸家の場合は、死ぬまで家賃を払い続けなくてはならない。しかし持ち家の場合は、ローンを払ってしまえば、もう支払いはない。

持ち家の場合は、長く生きれば生きるほど得をする。貸家の場合は長く生きれば生きるほど損をする、ということになるのだ。

何歳まで生きるかわからない第二の人生において、長生きすればするほど負担が大きくなるのは、絶対に気分のいいことではない。

だから結論を言うならば、**なるべく家は持っていたほうがいい**のだ。

実際、老後破産したケースを見ても、そのほとんどは家を持っていない人なのである。家を持っている人が老後破産になっているケースはほとんど見かけない（ローンが過大すぎて破産するというケースは時々あるが）。

しかし、老後を控えて家を買うということに躊躇する人も多いだろう。

「もう定年近くまで賃貸で過ごしてきたんだから、今さら家を買っても仕方がない、もう長いローンも組めないし」

などと考えている人もいるはずだ。

しかし現在、中古マンションなどは首都圏でも1000万円台で買える。少し都心から離れたところならば300万〜400万円で、夫婦で住むのには十分の広さのマンションも買うことができる。

新築一戸建てや新築マンションを買えば、退職金では足りないかもしれない。しかし中古マンションなどならば、退職金でも十分におつりがくる。くり返すが年金生活において、家賃を払わなくていいというのは、大変大きなものなのである。

持ち家はいざというときの資産にもなる

また持ち家の場合は、いざというときの資産にもなる。

家（またはマンション）を購入した場合、家という財産を持つことができる。自分がローンなどで払ったお金は、必ずある程度は資産蓄積になっているのだ。

しかし賃貸の場合は、払ったお金は全額が大家さんのものであり、自分の資産にはまったくならない。

この点で大きな違いがあるのだ。

「老後に資産の蓄積をしたって意味がないじゃないか」

「老後は引越しをするつもりはないんだから、売ったり買ったりはできない。だから自分の資産であろうが、他人の資産であろうが関係ない」

などと思う人もいるかもしれない。

でも、それは大きな間違いである。

老後だからといって、いつ大きなお金が必要になるかわからない。自分の資産があるに越したことはないのだ。

家を持っている人は、自分の家を担保にしてお金を借りることができる（詳細は後述）。

また老人ホームや施設に入るときに、家を売って入所費用を作るということもできる。

しかし賃貸の人には、そんなことは絶対にできない。

この点においても、持ち家のほうが絶対に有利なのである。

話題のリバースモゲージってなんだ？

持ち家には、もうひとつ強力なメリットがある。

それは「リバースモゲージ」が使えることである。

リバースモゲージとは、持ち家を担保にしてお金を借りる制度である。そして、その借金は原則として、借り受け人が死亡した時に家の売却などで清算される。つまり、自分の家にはずっと住み続けることができて、家を担保にしてお金を借りられるということである。最近、ビジネス誌などで時々特集されるので、聞いたことがある人もいるだろう。

このリバースモゲージを使えば、老後の生活はさらに豊かになる。自分が生きているうちは家に住み続けられるのだから、借金の返済は気にしなくてもいいのである。

もちろん原則として死亡したときに家はなくなるのだから、遺産をあてにしている子供などには不評を買うかもしれない。が、一緒に住んでいるわけではない家を残さなくても、文句を言われる筋合いはないのである。下手にそういう家を残すと、遺産「争族」の原因にもなるので、生きているうちに使ってしまったほうがいいともいえる。

リバースモゲージには、自治体によるものと、民間の銀行によるものがある。

自治体によるものは、「長期生活支援資金」と呼ばれるもので、平成14年に創設された。これは自分の持ち家を担保にして、融資を受けられるという制度である。この融資は年金の形式で、毎月いくらという形で支払われる（月最高30万円まで）。

条件としては、だいたい次の通りである。

・申込者が不動産を所有しそこに住んでいること
・その不動産には賃借権、抵当権等が設定されていないこと
・配偶者、親以外の同居人がいないこと
・世帯の構成員が、原則として65歳以上であること
・申込者の世帯が市町村民税の非課税世帯であること

この条件を満たしていれば、土地の評価額の70％までを限度にお金を貸してもらえるのだ。

利息は3％か、長期プライムレートのどちらか低いほうとなる。つまり、どんなに高いときでも、3％以上は上がらない。

もし2000万円の価値の土地を持っていたとすれば、1400万円まで貸してもらえるということである。月10万円ずつに設定しておけば、140か月間、つまり約12年もの間、10万円の上乗せ年金がもらえるのだ。

この「長期生活支援資金」は都道府県社会福祉協議会が行っており、申込窓口は市町村社会福祉協議会となっている。関心のある方は、市町村社会福祉協議会で詳しい条件などを相談してみてほしい。

民間のリバースモゲージも似たような条件だが、細かい部分が若干違うし、多様な商品がある。これも各銀行に問い合わせてほしい。

このように家を持っていれば、資産としてさまざまな活用ができるのである。

将来、生活保護を受けようと思っている人は金持ち自治体に住もう

本書を読んでいる人の中には、将来の年金があまり見込めず、生活保護を受けようと思っている人もいるかもしれない。

そういう人でも、住む場所については、よくよく検討しておいていただきたい。

というのも、生活保護の内容は自治体によって若干、違うからである。

生活保護費の計算自体は国が定めた基準通りに支払われるが、その他の臨時的に支払われるモノや交通機関のサービス券などが違うのだ。

たとえば生活保護で臨時的に支給されるものに、「家具什器費」というものがある。これは炊事器具、家具などが必要なときに、その購入費用が支給されるものである。生活保護の受給者が、「冷蔵庫が壊れたから冷蔵庫を買いたい」という具合に申請し、認められ

れば最大4万5000円が支給されるのである。

この「家具什器」に含まれる範囲が自治体によって違うのだ。冷蔵庫が認められる自治体もあれば、認められない自治体もある。冷蔵庫が認められない地域に住んでいる人は、食材を長期間保存できないので、食べきれるものをその都度買わなくてはならない。洗濯機もしかりである。

また洗濯機が認められていない自治体に住んでいる人は、手で洗濯するか、コインランドリーを使わなければならない（家具什器費が支給されない場合でも、物によっては通常の生活保護費から自分で捻出するならば購入できる場合もある）。

また所有していいもの、悪いものなども自治体や地域によって変わってくる。たとえば自動車やバイクの所有は原則として禁止されているが、交通の便が悪い地域などは認められているケースもある。

一概には言えないが、金持ち自治体のほうが生活保護の規則はゆるく、什器費などの支給頻度も高い。逆に貧乏な自治体は、生活保護をなかなか支給してくれないなどの傾向がある。

田舎暮らしもひとつの手

年金の額がちょっと少ないような人は、老後は思い切って田舎に住むというのもひとつの手である。

Uターン、Iターン現象などが言われて久しいが、これは若者だけのことではない。定年して老後を迎えた世代にも、Uターン、Iターン現象は起きているのだ。

もちろん今まで住み慣れた都会を離れて、老後を田舎で過ごすというのは、メリット、デメリットがある。

メリットはまずは住宅費、物価等が安くて済むということである。自然も多く、プチ農業をできる場合もある。だから、「老後は田舎で晴耕雨読の生活をしたい」と思っていた人にとっては、いいだろう。

デメリットとしては、便利が悪いということだ。地域によってはスーパーなどが近所になく、かえって生活費が割高になるケースもある。医療機関なども、都会よりは充実していないことが多い。人間関係も都会に比べれば、わずらわしいことが多いだろう。

そのあたりの諸条件をうまく整理して自分なりにアレンジすれば、田舎暮らしも悪くはないはずだ。

最近では、Uターン者、Iターン者のために住む場所を格安で提供してくれる自治体も多い。そういう住宅では庭や農地などがついていて、「プチ自給自足」ができるケースも多い。

また極端に田舎ではないが、そこそこ自然が残り、スーパーなどの生活環境もある程度、整っている場所は都心部周辺にいくらでもある。そういう地域では現在、空き家も多いので、安い住宅を探してみるのも手である。

老後は海外で暮らしてみるのも手

老後は海外で暮らす、というのもひとつの手である。

退職後、海外生活をしたいという人は増えている。東南アジアなどでは、日本人の定年退職者を積極的に受け入れているところもある。テレビや雑誌などでも時々、紹介されるので、ご存知の方も多いはずだ。

日本は世界で非常に物価が高い国なので、海外のだいたいどんなところに住んでも、物価安の恩恵を受けることができる。

特に東南アジアなどは、日本から比べれば驚くほど物価が安い。

たとえばタイなどは、食事でも現地の人と同じものを食べるのなら、一食50円くらいで済んでしまう。スーパーのフードコートやデパートのレストランで食べても、500円も出せばかなりいいものが食べられる。住む場所も月5万円も出せば、普通に清潔で広いサービスアパートを借りることができる。

だから月15万円もあれば、夫婦でそこそこ豊かな生活をすることができるのだ。

日本で月15万円で夫婦で生活するとなると、かなりギリギリである。そんなに贅沢はできないし、レジャーなどはなかなか無理だろう。しかしタイなどの場合は、月に1～2回ゴルフに行く生活もできるのだ。

そして定年退職者を受け入れるために、特別のビザを用意している国も多い。一定の年金収入があったり、一定の財産がある人を積極的に受け入れているのだ。

また定年退職者のためのさまざまなサービスを設けていたりもする。日本の退職者は、金銭面では安定収入があるので、どこの国も誘致をしたがっているのだ。

もちろん海外で暮らすとなれば、言葉の問題、家族の問題などいろいろな問題もあるだろう。が、選択肢のひとつとして持っておいてもいいはずだ。

定年1年目に海外に住めば住民税を払わなくていい

老後に海外で暮らす場合、ちょっとした税金の裏ワザがある。

定年してすぐに海外に住民票を移せば、**定年後の住民税を払わずに済む**ということである。

住民税は通常、前年の所得にかかってくるものだ。だから退職して無職になった場合、その翌年は収入がないのに高い住民税を払わなければならない。

しかし住民税というのは、1月1日に住民票がある自治体からかかってくるものなので、その日に海外に住民票を移していればかかってこないのだ。そして1年間のうち、おおむね半分以上海外にいれば、住民税は払わなくていいことになっている。これは脱税でもなんでもない。

もし老後は海外で暮らしたいと検討している場合は、退職後1年目に住民税の節税と偵察を兼ねて海外で暮らしてみるのもいいかもしれない。

また退職した後は、1年くらいはのんびり海外旅行をして過ごしたいと思っている人も多いはずだ。その際は、ぐずぐずせずに定年1年目に実行したほうが節税になるのだ。

国民健康保険料に要注意

老後の棲家を考える上で注意すべきこととして、「社会保険料」がある。

冒頭にも述べたように、社会保険料は地域によって全然違ってくるからだ。

会社を辞めれば、社会保険料も自分で払わなくてはならない。これはけっこう面倒なものである。

普通のサラリーマンは、自分がどんな社会保険に入らなければならないかも知らない人が多いはずだ。しかも、それを外部からはなかなか教えてくれない。会社を辞めたからといって、市役所から「あなたはこの社会保険に入らなくてはなりません」などという通知が来るわけではない。だから、自分で勉強するしかない。

社会保険には、大きく分けて二つある。

健康保険と年金である。

まず健康保険からご説明しよう。

会社にいるときは、会社から「健康保険」に入っていたはずだ。しかし会社を辞めて、ほかの会社に就職しない場合は、自分で「国民健康保険」に入らなくてはならない。

「健康保険」というのは、企業に勤めている人が入る健康保険である。一方、「国民健康保険」というのは、企業に勤めておらず、自分で社会保険に加入する人が入る健康保険のことだ。会社をやめて再就職しなければ、あなたもこの「国民健康保険」に入らなくてはならない。

この国民健康保険料が、地域によってまったく違ってくるのだ。

「国民健康保険は国がつくっている制度なんだから、各地域でそんなに変わらないのじゃないか？」

と思う人もいるかもしれない。

筆者もサラリーマン時代はそう思っていた。が、**国民健康保険料の算出方法は自治体によってまったく異なる**のである。それも年間数百円とか数千円の違いではなく、数万円や下手をすると数十万円もの違いがでてくるのだ。

しかも単に高い安いだけではなく、家族構成によって高い安いが変わってきたりするのだ。だから各自治体のサイトなどで、国民健康保険料の計算式を確認し、住む場所選びの参考にしていただきたい。

退職時の社会保険料の裏ワザ

退職した年にするべきお金の裏ワザとして、**「社会保険料を前納する」**という方法がある。

国民健康保険の保険料というのは、前年の収入を基準に決められる。

退職した年というのは、退職金をもらって所得が多くなっている。だから、翌年の国民健康保険料は非常に大きくなる。しかし再就職しない人は、翌年の所得はゼロになる。所得はゼロでも、社会保険料は払わなくてはならない。

だから退職してお金のあるうちに、国民健康保険料を前納で払っておくことをお勧めする。社会保険料というのは、前納制度がある。自治体によって異なるが、おおむね翌年の3月分くらいまでは前納できるようになっている。

そして前納すれば若干の割引もあるのだ。

また国民健康保険料を前納すれば節税にもなる。

国民健康保険は支払った全額が、その年の所得から控除されるようになっている。たとえば、その年の年間の社会保険料の額が100万円だった人は、この100万円がそのまま所得控除される。100万円の所得控除を受ければ、所得が少ない人でも10万円以上の節税になる。

所得から控除できる社会保険料というのは、その年分の社会保険料だけではなく、支払った年に支払った額が控除できるようになっている。翌年の分の社会保険料を先に払ったとしても、払った年に控除できるのだ。退職する人はこの制度をうまく使いたい。

定年退職しても妻が働いている場合は妻の扶養に入ろう

夫が定年退職し、妻はまだ正社員として働いている場合、夫は迷わず妻の扶養に入ったほうがいい。

近年は共働きの夫婦が多いので、夫が退職しても妻はまだ働いているという夫婦もけっこういるはずである。

現役で共働きの夫婦は、夫婦どちらも扶養していなかったというケースが多いはずだ。こういう夫婦の場合、どちらかが退職（失職）した場合、働いているほうの扶養に入るという概念がないように見受けられる。

が、もともとは共働きだったとしても、現在、どちらかが退職（失職）して収入がないのなら、収入があるほうの扶養に入ることができるのだ。

退職した後、しばらく再就職しない人、しばらく収入は雇用保険だけという人も多くいるだろう。そういう状況で奥さんがもし働いているならば、奥さんの扶養に入れてもらおう。そうすれば、奥さんの税金が安くなる上に、あなたの社会保険料も安く済むのだ。

「自分は戸主だから扶養には入れない」

などと思っている人もいるようだが、これは勘違いである。

税金、社会保険での扶養関係と、戸主はまったく関係ない。戸主であっても、奥さんの扶養に入ることはなんら問題ないのだ。

配偶者控除というのは、自分の配偶者（夫か妻）に収入がなくて自分が食べさせてやっている場合、その分の税金を安くするという制度である。

「妻の扶養に入るなんて、男の沽券《こけん》にかかわる」

などと思う人もいるかもしれない。でも老後のお金を考えれば、男の沽券なんて考えてはいられないのだ。それに妻の扶養に入ったとしても、別に経歴に傷がつくわけではない。また、あなたが扶養に入っていることを誰かに知られるわけでもない。

そしてなにより妻の扶養に入って、社会保険も妻のものに入れてもらえば、国民健康保険代がまったくかからない。妻の社会保険料の負担はまったく変わらないのだから、これは**入らないと絶対に損**なのだ。

子どもの社会保険に入ることもできる

前項で再就職をしておらず年金ももらっていない人は、妻の扶養に入れば税金や社会保険料が安くなることを述べた。が、妻ももう働いていない、もしくは年収100万円もいかないくらいのパートしかしていない、という人も多いはずだ。

そういう場合は、「子どもの扶養に入る」こともできる。

子どもがすでに就職していて給料をもらっているのであれば、あなたは子どもの扶養に入れる可能性があるのだ。

子どもの扶養に入ればどうなるか。簡単に言えば子どもの税金が安くなる。両親を扶養家族に入れれば、だいたい5万円から多ければ20万円以上も税金が安くなるのだ。

そして社会保険も子どもが加入しているものに入れてもらえば、自分は国民健康保険に入らなくて済む。子どもにしても、両親を自分の社会保険に入れたとしても、社会保険料は変わらないのである。だから、入らないと絶対に損なのだ。

子どもの扶養に入る際に、誤解されやすいことがある。それは「同居していないから扶養に入れないのではないか」ということだ。しかし、これは誤解である。

税金上の扶養というのは、必ずしも一緒に暮らしていなくても入ることができるのだ。

扶養に入れる要件として、税法では「生計を一にしていること」となっている。でも、これは一緒に暮らしていなければならない、ということにはなっていない。仕送りをしていたり、経済的な後ろ盾になっていれば、生計を一にしているということができるのだ。

税務署は子どもの扶養に入る条件として、「子どもに生活費の面倒を見てもらっている人」ということを挙げている。でもそれに厳密な線はないのだ。

また同様に健康保険も、同居していなくても家族として同じ健康保険に入れる場合はある。

その条件について、説明したい。

税金の上で扶養に入れることと、健康保険の扶養にいれることは若干、条件が違う。

まずは、税金上の条件について。

税法で扶養に入れられる親族は、6親等以内の血族もしくは3親等以内の姻族ということになっている。6親等以内の血族ということは、自分の親族であれば従兄弟の子供や、祖父母の兄弟でも扶養に入れることができるのだ。また3親等以内の姻族ということは、妻（配偶者）の叔父叔母でも入れることができる。

そして、この親族たちは一定の条件をクリアしていれば、必ずしも同居していなくても扶養に入れることができる。

一定の条件というのは

「扶養していること」

「生計を一にしていること」

である。**つまり経済的に面倒を見ている**、ということである。

ただし、これには具体的な基準はない。毎年いくら以上仕送りをしなければならないとか、生活費の何割以上を援助していなくてはならないという線引きはまったくないのだ。

次に、健康保険に入れられる家族の条件をご説明したい。

健康保険に入れられる家族の範囲は、原則として「同居している3親等以内の親族」である。が、次の二つの条件をクリアしていれば、父母、祖父母、曾祖父母、子ども、孫、兄弟姉妹については別居していても、入れることができる。

条件1

年間収入

60歳未満…130万円未満

60歳以上または障害者…180万円未満

条件2
同居の場合…収入が扶養者の収入の半分未満
別居の場合…収入が扶養者からの仕送り額未満

※ただし、収入が扶養者の収入の半分以上の場合であっても、扶養者の年間収入を上回らず、日本年金機構が諸事情を勘案して、扶養者から扶養されていると認めるときは被扶養者となることがある。

ヨガ、エアロビクス、水泳教室…格安の公営施設を使いつくせ

老後の制度設計というと、どうしても「節約」という方向に行きがちである。

もちろん、それは大事。だが、楽しみがないと豊かな生活とはいえない。

「いかに安く生活の中に楽しみを入れ込むか」

が、老後生活のポイントともいえる。

それについてのヒントをいくつかご紹介したい。

老後の生活を快適にするポイントとして、まずは**公的機関を使いつくす**ということである。

昨今、公的機関では、住民にさまざまな娯楽サービスを提供している。

たとえばスポーツジムに通いたいけれど、お金が心配と思っている人も多いはずだ。実際、スポーツジムというと、入会金や月会費が高い。それを考えると、なかなか入会に踏み切れないという人も多いのではないだろうか？

しかし、ほとんどの自治体では、スポーツジムを所有している。どこの市区町村にも、一か所くらいは公営のスポーツセンターがあるのだ。そこには、だいたい温水プールや、スポーツジムが併設されている。

「自治体のスポーツジムなんて、たかが知れている」

と思う人もいるかもしれない。が、決してそんなことはない。今の自治体の施設は、民間のスポーツジムと変わらないくらい充実しているものである。ランニング機器や各種の筋力トレーニング機器をはじめ、エアロビクスやヨガ教室まで行っているところもある。

たとえば東京都の目黒区では3か所のトレーニングセンターがあり、それぞれでストレッチ教室、エクササイズ教室などのプログラムが行われている。入場料は300円である。

たいがいの自治体では、スポーツセンターの入場料は300～500円程度となっている。

民間のスポーツジムの場合は、入会しても行かなくなって会費を損したという話もよくあるが、自治体のスポーツジムの場合は一回いくらで決められているので行かなくて損をすることもない。

もちろん、更衣室やシャワーは完備している。なかにはシャワーだけじゃなく、風呂がついているところもある。

老後の生活では、まずこういう自治体の施設を徹底的に活用することである。

ネット、本、マンガ、雑誌を無料で見る方法

前項では、自治体のスポーツジムのことを紹介したが、文化系の娯楽についても同様のことがいえる。

本や漫画、ＣＤ、ＤＶＤなども、無料で見ることができるのだ。

それは図書館を使うことである。

「なんだそんなことか…今さら、こんな年で図書館なんて」

と思う人もいるかもしれない。

しかし最近の図書館は充実したソフト、素晴らしい設備を備えたところばかりなのである。

図書館は、まず大手新聞各紙がそろっている。もちろん日経新聞もある。少し大きな図書館ではスポーツ新聞まである。だから図書館に行けば、新聞はほとんど読むことができるのだ。

昨今の図書館は、ギシギシする机に固いイスではない。ソファが備え付けられたり、畳の部屋があったりもする。

そして、視聴覚施設が非常に充実してきている。ほとんどの図書館にはCDやビデオ、DVDが置いてある。そして、それを視聴できるコーナーもある。

ビデオやDVDは最新のソフトとまではいかないが、昔の名作などはそろっている。2週間くらいは借りられるので、余裕をもって観ることができる。市中のレンタルビデオ店と違うところは、アダルト関係が置いてないことくらいである。

本や視聴覚ソフトが少ない図書館でも、だいたいの図書館は市内（区内）や隣接都市の図書館と提携していて、注文すれば取り寄せてくれる。だから、田舎の図書館でも都心部の図書館のライブラリーがあるのと同じなのだ。

そして図書館では、「リクエスト」という制度がある。

これは図書館にない本でも、リクエストすれば購入してくれるというものだ。その図書館の予算にもよるが、けっこうリクエストにはこたえてくれるものだ。読みたかった新刊本や、高くて手を出せなかった高額本をぜひリクエストしてみよう。

また昨今の図書館は、インターネットを使えるところも増えている。一人1時間などの制限があることが多いが、待っている人がいない場合はたいがい延長できる。だから自宅でネットをあまり見ない人などは、図書館で十分であり、家庭のネット代が節約できる。

また何か調べたいことがあったら、図書館の人に聞けば一緒に調べてくれる。たとえば、「北海道旅行をするためのいい情報はないか」と聞けば、図書館の人が本やネットなどで調べてくれるのだ。

親父バンドだって税金でできる

前項で昨今の図書館が充実していることを述べたが、充実しているのは図書館だけではない。近頃の自治体は、さまざまな施設が本当に充実している。

市町村（区）の広報やホームページを見てみてほしい。

また市町村に限らず、都道府県や国などが運営するものもたくさんある。そういう施設は利用者があまり多くなくて、使い勝手が非常にいいことが多いのだ。

最近では、音楽スタジオや文化教室などの施設を持つ自治体も増えている。

音楽スタジオなどは、民間のものよりも何分の1かの費用で済む。機材は、アマチュアのスタジオとしては申し分ないものだ。若いころ、音楽をかじっていたけれど忙しさにかまけて、いつの間にかやめてしまったというような人も多いだろう。そういう人にとって、定年退職は昔の趣味を再開する、ちょうどいい機会かもしれない。

最近ではＴＶなどで「おやじバンド」のコンテストなどもしばしば開かれており、中高年のバンドブームでもある。家でゴロゴロして「濡れ落ち葉」などと言われるくらいなら、思い切ってバンドでも始めたいものだ。

英会話、パソコン教室…税金を使って習いごとをしよう

これまで公営の娯楽施設を利用する方法をご紹介してきたが、娯楽だけではなく、習いごとなども公営のものが多々ある。もちろん民間のものよりも、かなり格安である。しかも一流の講師陣による講座を受講できたりする。

公的な施設での習いごとをするには、方法はいくつかあるが、まず第一に挙げられるの

は大学の公開講座を利用するものである。

最近の大学では、社会人向けや生涯学習向けの講座を充実させているところが多い。英会話をはじめ、中国語などの語学講座、歴史や古典文学の研究、資格取得のための勉強会や時事問題の研究、民族楽器の演奏方法まで多岐にわたっている。

しかも講師陣は教授や准教授など、その道の超一流者ばかりだ。なかにはその世界では、日本を代表するような著名な教授が講座を持っていることもある。

講座の人数はだいたい20から30人くらいがほとんどで、学校のクラスより少ない感じである。

講座回数は4、5回から数十回まであるが、普通の語学学校などに行くより、はるかに低額で受講できる。

大学には（私立であっても）たくさんの税金が使われている。もちろん社会人講座にも直接的、間接的に税金が使われている。だから、受講料が安く済んでいるのだ。

また昨今では、大学だけではなく、自治体が主体となって社会人向けの講座をつくっているケースも増えている。いわゆる「市民大学」である。こういうところは、大学よりもさらに格安で習いごとをすることができる。

これらの情報は、市町村の広報やネットを見ればすぐにわかる。また自治体に直接問い合わせてもすぐに教えてくれる。

ぜひ利用したい。

補助金を使って、バリアフリー、耐震補強を

あまり知らない人が多いのだが、地方自治体ではさまざまな補助金、助成金を設けている。特定の支出については、税金で補助をしてあげましょうというのである。

最近、ほとんど自治体が行っているもので、自宅を耐震改修した場合に補助金を出すというものがある。これはだいたい「自宅の耐震強度が低い場合、強度を上げるための工事をしたときには30万円程度の工事費を補助してくれる」というかたちになっている。

またそのほかにもさまざまな補助金、助成金を作っている自治体もある。

バリアフリー対策、浄化槽の設置、太陽光発電の設置、生ゴミ処理機の購入などに補助金を出しているケースもある。

自治体の中には、思ってもみないような補助金を用意しているところもある。

どういう補助金、助成金があるかは、各自治体のホームページに掲載されているので、ぜひ一度、チェックしてみたい。もちろん市役所に直接、問い合わせても教えてくれる。

エリア	名称	内容	窓口	連絡先
新潟県 三条市	スポーツ大会出場激励金	スポーツ大会について、北信越大会、全国大会及び国際大会への出場が決定した市内在住者に対し、1人につき最大5万円を支給	健康づくり課スポーツ振興室	0256-34-5511
新潟県 長岡市	長岡市未来の起業家応援事業補助金	中小企業庁の創業補助金の交付決定を受け、新たな需要や雇用を創出し、将来の事業成長が見込める起業家に対して、補助対象経費の3分の2以内で上限1,000万円を補助	商業振興課	0258-39-2228
新潟県 十日町市	定住促進助成事業	UIJターンした世帯を対象に、「移り住む」を支援する「定住支援（最大40万円）」と「住み続ける」を支援する「住宅支援（最大160万円）」とを合わせて、最大200万円を補助	企画政策課	025-757-3111
富山県 砺波市	ふるさとの思い出体験事業	昔ながらの道具や遊びを通して三世代交流を推進する経費（1事業当たり上限2万円）を支援	教育委員会生涯学習・スポーツ課	0763-82-1904
石川県 輪島市	輪島市起業・新規出店支援事業	市内金融機関から3年以上の融資を受けて市内で小売店、飲食店、宿泊施設、製造業等を新規出店する方に最大360万円支援	産業部漆器商工課	0768-23-1147
長野県 大町市	大町市中小企業融資制度資金	新規開業予定者で事業の実施のための資金を要する方に、設備資金1,500万円、最大で2,500万円を年利1.6%で融資	商工労政課 商工労政係	0261-22-0420
島根県 雲南市	子育て世帯定住宅地貸付け事業	子育て世帯に住宅地を25年間有償貸付し、期間満了後は無償譲渡	建設部 都市建築課	0854-40-1064
島根県 出雲市	出雲大好きIターン女性支援事業	県外からIターンにより、出雲市に初めて移住（居住）し出雲市内事業所に就職された20歳以上の独身女性に対し、引越助成金（上限5万円）、家賃助成金（上限2万円）を交付	縁結び定住課	0853-21-6629
熊本県 八代市	認定農業者制度	市が認定した認定新規就農者が、青年就農給付金の給付要件を満たした場合、同給付金を給付。年間最大150万円（最長で5年間）	農林水産政策課	0965-33-4117
鹿児島県 さつま町	地域おこし協力隊	さつま町柊野地区で地域資源（桑）を活かした商品開発、及び地域活性化を支援（月額賃金16万円を支給、活動用車や住居、PCは貸与）	政策推進係	0996-53-1111
鹿児島県 薩摩川内市	定住住宅取得補助・ゴールド集落定住住宅取得補助	平成26年4月1日から平成29年3月31日までの間に市外から本市へ転入し、自らの定住のために市内に住宅を新築または購入した人に最高250万円を補助	企画政策部 よかまち・きやんせ倶楽部(企画政策課内)	0120-420-200

ユニークな補助を行う自治体一覧

エリア	名称	内容	窓口	連絡先
北海道蘭越町	蘭越町定住促進支援制度	「移住歓迎米」Uターン者等で、定住する世帯の人員が2人以上の方へ1世帯当たり精米60kg	総務課企画防災対策室まちづくり推進係	0136-57-5111
北海道新冠町	マザーリーフ助成事業（不妊治療費助成事業）	体外受精および顕微授精（特定不妊治療）、人工授精に要した費用の一部を助成	保健福祉課 保健福祉グループ	0146-47-2113
北海道標津町	住宅取得助成	町内経済の活性化と移住・定住の促進を図ることを目的に、住宅の新築及び中古住宅の取得に係る費用に対して、その一部を支援（限度額は、住宅新築300万円、中古取得100万円）	企画政策課	0153-82-2131
北海道浦幌町	浦幌町新産業創造等事業の助成	新たな産業の創造等に資する事業に助成。助成対象事業費（運転資金を除く）の3分の2以内で、限度額6,270万円	産業課企業対策労政係	015-576-2181
北海道網走市	住宅リフォーム資金融資事業制度	市内で住宅を取得し、自ら居住する場合、市のリフォーム融資資金（50万円以上、限度額500万円）を利用可能	建築課建築係	0152-44-6111
秋田県	冬の生活応援助成金	県内に移住した人を対象に、冬の暖房機器や除雪機械・器具等の購入に要する経費を最大30万円助成	企画振興部人口問題対策課	018-860-1234
秋田県鹿角市	医療機関開業支援制度	診療所の土地取得費用、建物取得費、医療機器購入費を合算した金額のうち1,000万円を限度に助成	いきいき健康課	0186-30-0119
山形県酒田市	UIJターン定着激励金	UIJターンによる地元定住を促進するため庄内北部定住自立圏域内（酒田市、三川町、庄内町、遊佐町）の事業所に正規雇用されたUIJターン就職者に激励金を支給（60歳以下一律10万円、1人1回限り）	商工港湾課雇用対策係	0234-26-5757
千葉県大多喜町	青年就農給付金	45歳未満の新規就農者を対象に、1人あたり年間150万円を最長5年間給付。夫婦で共同経営の場合は225万円給付	産業振興課	0470-82-2176
東京都日の出町	日の出町元気に長生き奨励金	満70歳（古希）に達した人に1人1万円、満75歳、満77歳（喜寿）に達した人に1人2万円、満80歳（傘寿）、満85歳、満88歳（米寿）に達した人に1人30,000円、満90歳（卒寿）、満95歳、満99歳（白寿）に達した人に1人5万円、満100歳以上に達した人に1人10万円を長生き奨励金として支給	いきいき健康課 高齢支援係	042-597-0511

※年度変更により内容の変更があります。詳しくは各自治体に確認をお願いします。

ただし残念ながら、補助金は各自治体によってばらつきがある。補助金が非常に充実した自治体もあれば、ほとんどなにもない自治体もある。補助金の充実度は、自治体の財政状況や行政の姿勢に関わってくるのだ。

だから老後に住む場所を探す際には、こういう点も含めなければならないのである。

地域で孤立しない方法

老後破産を回避する方策のひとつとして、「地域で孤立しない」ということがある。

老後破産をした人の実態を細かく調査してみると、大方の場合、「地域で孤立している」のである。

現代社会では、特に都心部では地域で孤立するのは当たり前のようになっている。普通に生活をしていても、なかなか地域社会と接する機会はない。都会のマンションなどに住んでいる人は、隣の人の名前さえ知らないことが多いはずだ。

これは都会という特殊性、現代社会の性質から見れば、仕方のないことでもある。

が、地域で孤立すれば、それだけ老後破産の危険性は高まるのである。だから、どうにかして孤立することを避けなければならない。

そのもっとも簡単な方法は、地域の催しに参加するということである。各地域ではさまざまな催し、会合などが開かれている。そのうちどれかひとつでも、行きやすいところに行ってみることだ。

たとえば、趣味のサークルなどである。

スポーツが好きな人はテニス、バドミントン、卓球、野球など、メジャーなスポーツならばほとんどが地域にひとつくらいはサークルがあるはずだ。また囲碁、将棋、コーラスなど、文化系の趣味サークルもかなりある。

それらのサークルは会費も安く、練習などもゆるい。

趣味のサークルは不安という人には、ボランティアという手もある。ボランティアというと、なにかすごい社会活動のように思われるかもしれないが、誰でも簡単にできるボランティアというのは、けっこうあるものだ。自治体などのボランティア担当に行けば、その情報は手に入る。

筆者も、まだライター稼業が軌道に乗っておらず、時間がたくさんあるときにボランティアで子どもの遊び相手をしていたことがある。人に喜ばれることは非常に楽しいことであった。また自分にとっても、その時間は気分転換になったものである。ボランティアには、他にも障害者施設の手伝いや自然保護の活動など、さまざまなものがある。

また高齢になれば、老人会に入るという手もある。

「自分はまだ老人ではない」

などと意地を張って参加しないのは損だと思われる。

筆者の家の近くの公園では週に一回、高齢者の方がゲートボールをされている。大声で笑い合ったり、悔しがったり、非常に楽しそうである。大人になって、**あんなに楽しそうに遊べる機会はそうないんじゃないか**と思われるほどである。筆者もその年齢に達すれば、ぜひ参加したいと思っている。

そういうところに月に一回、いや年に数回でも参加していれば、地域からの孤立は防げるのである。

予防編

第5章

老後破産は政治が招いた

経済政策の失敗が老後破産を招いた

老後破産について語ると、「ちゃんと備えをしていなかったからだ」という個人責任で片づけられることも多い。

ところが老後破産は、はっきりいうと政治が招いたものだ。

なぜなら、昔は老後破産などあまりなかったからだ。少なくとも、今ほどではまったくなかった。

確かに老後破産をしている人は、老後の備えなどを十分にしていないケースが多い。しかし、昔はそういう人でも生活が破綻しなくて済んだのである。社会にそういう人を救う余裕があったのだ。しかし、今の日本社会はそういう余裕がない。誰もが働いても働いても、自分と家族の暮らしだけで精いっぱいという状況である。

今、日本は急速に貧困世帯が増加し、格差社会が深刻化している。

これは景気のせいだと思っている人も多いようだが、決してそうではない。

日本は、「国民の資産」「経済規模」「外貨準備」などの経済指標のどれをとっても、決して貧しい国などではない。にもかかわらず老人が安心して暮らせない社会になってしまっているというのは、政治が悪いからである。

「政治が悪い」と指摘すると責任逃れのように聞こえるかもしれないが、どう考えても政治が悪いのである。

それは、昨今の経済政策と社会情勢をちょっと掘り下げてみれば、誰でも明確に理解できるはずだ。

なので、この最後の章ではここ20年ほどの日本の政治がいかに格差社会、貧困の拡大を招いてきたのかということを説明したい。

なぜ生活保護受給者は激増したのか？

現在、生活保護の受給者は200万人を突破している。

200万人を超えたのは、昭和26年以来である。これを聞くと「現代の社会は終戦直後と同じくらいひどいのか」と衝撃を受ける人も多いだろう。

また「生活保護が増えたのは、不景気だから」と思っている人も多いかもしれない。

しかし、決してそうではない。

生活保護が急増してきたのは、この十数年間ほどのことである。この十数年の間には、名目上は、史上最長の好景気とされる「いざなみ景気」なるものもあったのだ。

しかし、この好景気の間にも生活保護は激増しつづけていたのである。

近年、生活保護がなぜ増大しているのか？

ということをデータで分析した場合、明らかに経済政策の失敗ということがわかってくる。

現在の生活保護者の約半数は高齢者世帯である。

しかも高齢者の割合は昨今、急激に増加している。1989（平成元）年と2009（平成21）年を比較してみると、高齢者世帯が8・6ポイントも増加している。これを見ると、高齢化社会の進行がそのまま生活保護の増大となって表れていることがわかる。

また以前は多くを占めていた「母子家庭」や「病気・障害」はその割合を大きく落としている。高齢者でも母子家庭でもなく、病気や障害があるわけでもなくて、生活保護を受けている人、つまり若くて働けるけれど、失業などで収入が得られない人も急増している。

これらのことから言えることは、生活保護の急増は近年の社会情勢が色濃く反映しているということである。お金のない老人、若くても仕事がない人が増えており、それが生活保護の激増につながっているのだ。

小泉時代に激増した生活保護

それにしても、なぜこれほど貧しい老人が増えてしまったのか？

最大の要因は、小泉純一郎内閣の経済政策にあるといえる。

小泉内閣の時代の2002年から2007年までの間、史上最長記録となる長期好景気の時期があった。

これは史上まれに見る好景気とされ、「いざなぎ景気を越えた景気」ということで、「いざなみ景気」と政府に喧伝されたこともある。

しかしこの期間、好景気であることを実感した人はあまりいなかったのではないだろうか？

それもそのはずである。

小泉内閣のこの好景気の時代、見事なほどにサラリーマンの平均給与は下がっている。

1999年から10年間、サラリーマンの平均給与が前年を上回ったことがないのである。

「自分は好景気を実感していない」

と思った人は、錯覚をしていたわけではない。実際に、国民のほとんどは収入が下がっているのである。

この好景気というのは、企業の利益や株式相場などを基準としてもので、国民の財布を潤したものではなかったのだ。この好景気を収入の面から分析すると、国民全体の収入は減っているけれど、ごく一部の億万長者だけが激増しているという構図が浮かび上がってくる。

そして日本全体の収入が下がっているので、最下層にいる人たちは持ちこたえられなくなって、ワーキング・プア、ホームレス、ネットカフェ難民などになっている。つまりは格差を広げただけである。

生活保護の受給者もこの間に激増しているのだ。

日本の生活保護は、経済社会の高度化とともに少しずつ上昇してきたと思われがちだが、実はそうではない。日本の生活保護は終戦直後をピークにその後ずっと下がり続けていたのだが、この20年の間に激増しているのだ。

実は1995年には、日本の生活保護は過去最低（60万世帯88万人）を記録していた。1995年というのは、バブルが崩壊して一段落ついたころである。この時点まで、日本の生活保護受給者というのは下がり続けていたのだ。今からわずか20年前のことである。

そして、それから20年の間で2・5倍以上の増加をしているのだ。しかも、小泉内閣時代にもっとも激増している。小泉内閣時代に生活保護受給者は、ほぼ40万人近くも増えているのだ。

小泉内閣以前の10年間では、生活保護者は15万人しか増えていない。しかし、小泉内閣の5年足らずの間に、その倍以上増えているのだ。小泉内閣以前の10年間というのは、バブルが崩壊した後で、日本経済がもっとも苦しかったと言われる時代である。その時代よりも小泉内閣時代のほうが、はるかの多くの生活保護者を出しているのだ。

繰り返すが、小泉内閣の時代には、名目の上では史上最長となる好景気の時期もあったのだ。それなのにその間に、これだけ生活保護受給者が増えているのである。

小泉内閣の経済政策がいかに金持ちを優遇していたか、低所得者を増やしたかという証左である。

小泉元首相は国民に「痛みに耐えてくれ」と呼びかけたが、その国民の我慢とは富裕層を潤すためだけのものだったのだ。

生活保護受給者が激増している最大の要因は、ここにあるのだ。

高齢者は超格差社会

現在の日本は、格差社会といわれているが、なかでも老人は超格差社会だといえる。実は老人は金持ちも多い。

現在、60歳以上の人口は、全人口の3割弱である。この3割弱の高齢者層が日本の個人金融資産の6割以上を持っているとされている（日本銀行情報サービス局内サイト「知るぽると」などより）。日本の個人金融資産は1700兆円程度ある。その6割ということは、1000兆円以上である。

しかも、これは金融資産のみのカウントである。金持ち老人の場合、家や土地をあわせて持っていることが多いので、それらを含めると莫大な資産になる。**日本の富の大半を高齢者が握っている**といってもいいだろう。

そのような巨額の資産を保持している一方で、貧困老人も非常な勢いで増え続けている。

老人世帯の多くは、若年世帯よりも低い収入で暮らしている。

たとえば高齢者の生活保護受給世帯は2010年1月の時点で57万世帯に達し、生活保護の4割を占めている。

また2013年の警視庁の発表によると、万引きで検挙された者の31％は高齢者だった。この20年で、高齢者の万引きは3倍に激増している。かつて万引きという犯罪は少年が多く、「少年型犯罪」と言われていた。

ところが現在では、万引犯は高齢者のほうが少年よりもはるかに多いのだ。しかも高齢者の盗んだ物の68％は、パンやおにぎりなどの食料品だったという。

万引きに限らず、高齢者の犯罪は激増しており、この20年で5倍になっている。そして犯罪の約65％が万引きなどの窃盗だという。万引きなどの窃盗が増えるということは、それだけ生活に困っているものが増えているということである。

税金で作られた〝老人格差〟

それにしても、なぜこのような「老人格差」が生じたのか？

その最大の要因は〝**税金**〟だといえる。

あなたは信じられるだろうか？

この30年間で高額所得者の税金は、ピーク時比べれば40％も減税されてきたのである。

バブル崩壊後の日本は景気が低迷し、われわれは増税や社会保険料の負担増に苦しんできた。当然、金持ちの税金も上がっているんだろうと思っている人が多いだろう。

しかし、しかし、実は金持ちの税金はずーっと下がりっぱなしなのである。

この流れを見れば、政府はわざと格差社会を作ったとしか考えられない。

金持ちの減税の内容を説明しよう。

所得が1億円の人の場合、1980年では所得税率は75％だった。しかし86年には70％に、87年には60％に、89年には50％に、そして現在は45％まで下げられたのである。

また住民税の税率もピーク時には18％だったものが、今は10％となっている。

このため最高額で26・7兆円もあった所得税は、2015年には16・4兆円にまで激減している。40％の減である。

そして、この減税分はほぼ貯蓄に向かったといえるだろう。金持ちというのは元からいい生活をしているので、収入が増えたところでそれほど消費には回されない。だから減税されれば、それは貯蓄に向かうのだ。

そのため日本の個人金融資産は、1700兆円を超えてしまっているのだ。

その一方で非正規雇用やワーキング・プアの増大により、貧困層が拡大している。こうして、税金によって格差社会がもたらされたのだ。

この税金格差の影響をもっとも大きく受けたのが、現在、高齢者に達しようとしている世代なのである。

その結果、老人が超格差社会になったのだ。

それにしても、なぜ高額所得者の税金は減税されてきたのか？

表向きは経済の活性化のため、ということになっている。

しかし現実をいえば、高額所得者がうるさく要求したからである。

財界や日本医師会などの金持ち団体は、政治に対する影響力が大きい。彼らは自民党などに多額の献金をし、その見返りとして高額所得者の大減税を勝ち取ってきたわけだ。

日本の金持ちの税金は先進国で一番安い

これまで税金のせいで老人の超格差が生じたと述べてきたが、「日本の金持ちの税率は、世界一高いんじゃないか」と思っている人も多いだろう。インターネットの掲示板などでも、「日本の金持ちは世界一高い所得税を払っている」という意見をよく目にする。

しかし、これは**当局の数字のマジックにだまされている**だけである。

確かに日本の所得税の税率は、名目的には世界的に見て高い。しかし、これにはカラクリがあるのだ。日本の金持ちの所得税にはさまざまな抜け穴があって、名目税率は高いの

主要国の個人所得税の実質負担率（対国民所得比）

日本	アメリカ	イギリス	ドイツ	フランス
7.2%	12.2%	13.5%	12.6%	10.2%

世界統計白書2012年版より

だけれど、実質的な負担税率は驚くほど安いのだ。

わかりやすい例を示そう。

上の表を見てほしい。

これは、先進主要国の国民所得に対する個人所得税負担率を示したものである。つまり国民全体の所得のうち、所得課税されているのは何パーセントかを示したものである。国民全体の所得税の負担率を示しているといえる。

実は日本は、これがわずか7・2%である。先進国の中では断トツに低い。

アメリカ、イギリス、ドイツ、フランスはどこもGDP比で10%以上の負担率がある。イギリスに至っては13・5%で、日本のおよそ倍である。

個人所得税というのは、先進国ではその大半を高額所得者が負担しているものである。ということは国民全体の所得税負担率が低いとなると、すなわち高額所得者の負担が低いことを表しているのだ。

これはつまり日本の金持ちは、先進国の金持ちに比べて断トツで税負担率が低いということ。日本の金持ちは名目の税率は高くなっているけれど、実際に負担している額は非常に低くなっているということなのである。

日本の金持ちの税金はアメリカの金持ちの半分以下

日本の金持ちがいかに税金を払っていないか、これはアメリカと比較すれば、もっとよくわかる。

２００９年のアメリカと日本の所得税の比較を見てみたい。

この当時の最高税率を比べれば、日本は40%、アメリカは35%なので、日本は5ポイントも高い。最高税率は金持ちに課されるものである。だから、日本の金持ちは高い所得税を払っているような気がするだろう。

では、実際に支払われた税額を見てみよう。

日本の所得税は、わずか12兆円に過ぎない。アメリカは、85兆７７００億円（９５３０億ドル）である。２００９年は為替が90円から１００円の間だった。だから、少なめにして90円で換算している。

なんとアメリカの所得税の税収は、日本の7倍以上もあるのだ。アメリカの経済規模は、日本の2倍ちょっと。なので経済規模からいえば、2倍ちょっとの差じゃないとおかしい。また日本のほうが最高税率は高いのだから、2倍程度の差になるはずだ。

にもかかわらず、**「アメリカの所得税収は日本の7倍以上」**なのである。

経済規模を考慮しても、日本の所得税収はアメリカの半分以下といえるのだ。

またアメリカでは、高額所得上位10%の人が税収の70%を負担している。つまりアメリカの高額所得上位10%は、50兆円から60兆円の所得税を負担しているのだ。しかし日本は上位10%の人は60%しか負担していない。

負担割合から見ても、アメリカの金持ちは日本よりも多くのものを負担しているのだ。

最高税率はアメリカより5ポイントも高いのに、なぜ所得税の税収は2分の1以下になっているのか？

この不思議さこそが、実は日本の税制の特徴なのである。

日本の税制というのはいろんな抜け穴があって、実質的には金持ちの税負担は驚くほど安いのだ。

金持ちの税金は抜け穴だらけ

日経新聞から『新・日本のお金持ち研究』という本が出版されている。

この本の中に、お金持ちの職業分析がある。これは納税額3000万円以上の高額納税者にアンケート調査を行ったものだ。それによると、金持ちの職業は**「企業経営者・企業幹部」**が43・3％、医師が15・4％、芸能人が1・3％、スポーツ選手が0・9％、弁護士が0・4％、その他が38・7％になっている（『新・日本のお金持ち研究』森剛志・橘木俊詔著・日本経済新聞出版社）。

これは2007、8年頃の調査なのでいささか古いデータではあるが、それでも今もそれほどこの割合は変わっていないと思われる。

この調査では企業経営者、企業幹部というのが、43・3％で一番多かったわけだ。つまり、金持ちでもっとも多い業態が企業経営者、企業幹部なわけである。

企業経営者、企業幹部というのは、その多くが自社の株を持っているものと考えられる。

現在の日本でなぜ金持ちの実質的な税負担が軽くなっているのかというと、その最大の理由は「株主優遇税制」である。

株主の税金というのは、実は非常に安いのである。

現在、配当所得はどんなに収入があっても所得税15％、住民税5％の合わせて一律20％でいいことになっている（持ち株割合が3％以下の場合）。

所得税が15％というのは、一般の人であれば所得が300万円から500万円くらいの人の税率とだいたい同じくらいである。つまり配当で所得を得ている人というのは、何億円、何十億円の所得があっても、所得が300万円程度の人と同じ税率でいいというわけなのだ。

そして住民税5％というのは、全職種の中でもっとも優遇されている税率である。住民税というのは、原則として誰でも所得に対して10％の税率が課せられている。しかし配当所得者に限っては、5％でいいということになっているのだ。

つまり金持ちの中でもっとも多い業種が、税制上の超優遇措置を受けているといえる。

また、この金持ちの中で二番目に多い医者という職業も、実は税制上非常に優遇されているのだ。

お医者さんの中でも優遇されているのは、どこかの病院に勤務する勤務医ではなく、自分で病院を持っている開業医が金持ちである。勤務医と開業医の年収を比べたら、だいたい倍の差があるとされている。

『富裕層の財布』（三浦展著・プレジデント社）という本で紹介されている2006年に行われた富裕世帯3万人のアンケート調査では、富裕層の男性でもっとも多い職業は開業医で26・3％だったのである。

実に日本の金持ちの4分の1が開業医なのだ。

また厚生労働省が発表している平成19年の医療経済実態調査では、医者の月収は次のようになっている。

開業医（医療法人の院長）の平均月収　259万1697円
国立病院の院長の平均月収　145万1722円
国立病院の勤務医の平均月収　111万901円

開業医は平均で国立病院の院長の二倍近くの収入があるのだ。

これはどう見てもおかしい。

開業医など昨今、どこもそう流行っていない。流行っていないのに、収入だけは多い。

ということは、開業医は流行らなくても高額の収入を得られるようになっているのだ。

同じ診療報酬でも、公立病院などの報酬と私立病院（開業医）の報酬とでは額が違う。

たとえば再診料は通常570円だが、開業医は720円となっている。ほかにも、高血圧、糖尿病、がん、脳卒中など幅広い病気に関して、開業医だけが療養管理という名目で治療費を請求できるという制度もある。

さらに、開業医には大きな特権がある。

税制上の優遇処置である。

開業医は、社会保険診療報酬の72％を経費として認められている（社会保険料報酬が2500万円未満の場合）。

本来、事業者というのは（開業医も事業者に含まれる）、事業で得た収入から経費を差し引き、その残額に課税される。しかし開業医の場合は、実際の経費が多かろうと少なかろうと、無条件に売上の72％が経費として認められるのだ。現在は、段階的に縮小されているが、現在もこの制度は残っている。

また開業医は、普通の事業者ならば払わなければならない事業税も免除されている。収入が多い上に税金が優遇されているのだから、金持ちになるはずである。

開業医の息子が10年近く浪人して医学部に入った話を聞いたことがある人もいるだろう。開業医というのは何年浪人しても、それだけの見返りがある職業なのである。

そして開業医が優遇されているばかりに、日本の医療全体、社会保障全体にしわ寄せがきているのだ。巨額の医療費が使われているのに、公立病院などで医者が足らないのは、このためなのだ。

なぜ開業医がこれほど優遇されているのかというと、日本医師会という強力な圧力団体を持っているからだ。**日本医師会は日本最強の圧力団体**と言われているが、これは医者の団体ではなく、開業医の団体なのだ。

この日本医師会は自民党の有力な支持母体であり、多額の政治献金をしてきたので優遇されてきたのである。

現在、国の歳出でもっとも高い割合を占めているのは、社会保障費である。社会保障費というと、年金や失業対策のことを思い浮かべる人も多いだろう。

しかし、社会保障費で一番大きいのは医療費なのである。医療費が日本の社会保障費の半分近くを占めているのだ。そして、この高い医療費というのは、開業医の優遇制度と無縁ではないのだ。

億万長者の社会保険料負担率はわずか1％

今、国民の多くは、社会保険料の高さに苦しんでいる。

社会保険料は年々上がり続け、税金と社会保険料を合わせた負担率は40％にのぼっている。

これは実質的に世界一高いといえる。

「日本は少子高齢化社会を迎えているのだから、社会保険料が高くなるのは仕方がない」

国民の多くは、そう思って我慢しているはずだ。

しかし、しかし、である。

この日本には社会保険料の負担率がわずか1％以下という、超優遇された人たちがいるのだ。誰かというと〝億万長者〟たちである。

現在の社会保険料は、原則として収入に一律に課せられている。たとえば厚生年金の場合は約8％である。

しかし、社会保険料の対象となる収入には上限がある。たとえば厚生年金の場合は月62万円である。つまり62万円以上の収入がある人は、いくら収入があろうが62万円の人と同じ額の保険料しか払わなくていいのである。

となると、毎月620万円もらっている人の保険料というのは0・8％になる。普通人の10分の1である。つまり収入が多ければ多いほど、社会保険料の負担率は下がり、億万長者などは1％以下という微々《びび》たる額しか払わなくていいのである。

なぜこうなっているか？

掛け金があまり多くなると、見返りが少なくなるというのが、表向きの理由である。しかし、そもそも社会保険料とは「国民全体の生活を保障するために、各人が応分の負担をする」というものである。

だから人によっては掛け金より、もらえる金額が少なくなっても当たり前なのである。掛け金に応じて見返りがあるのなら、それは社会保険ではなく、ただの金融商品である。だから金持ちの社会保険料率が低い、というのは絶対におかしいのだ。ここでも「金持ちはうるさいから優遇されている」という現実があるのだ。

現在の年金問題でまず真っ先にやらなくてはならないのは、金持ちの社会保険料の負担率を他の人と同じ率に引き上げることである。

もし金持ちが普通に社会保険料を払えば、年金の財源などはすぐに賄えるのである。高額所得者が他の人と同率で年金保険料を払うならば、概算でも5～10兆円程度の上乗せとなる。

これだけ保険料収入が上がれば、**年金の財源問題はほとんど収束する**のだ。

社会の恩恵をもっとも受けているのは金持ちなのである。彼らは日本の社会が安定し、順調に経済運営が行われているからこそ、金持ちになれたわけである。

だから社会保障に対して相応の負担をしなければならないのは、当たり前のことである。年金問題の解決には、まずは金持ちの社会保険料の負担を引き上げるべきである。ほとんどの国民は、それに異論がないはずだ。

生活保護をおざなりにすれば社会不安を招く

日本の経済学者や政治家たちは日本経済が復活すれば、生活保護の問題などたちまち解決してしまうと思い込んでいる。だから、社会保障の整備よりも景気対策を優先させてきた。それがバブル崩壊以降の日本の姿である。

そして御存じのように、その考えはまったく的を射たものではなかった。2000年代に入って名目上の好景気の時期はあったものの、国民生活は悪化し続け、生活保護の受給者も増え続けた。

そもそも「経済を復活させればすべて解決する」という考え方が時代遅れなのである。日本の高度成長期というのは、史上まれにみる幸運な時期だったのである。欧米諸国の産業力が伸び悩み、アジア諸国はまだ眠ったままだった時期だからこそ成しえたことなのだ。

現在と当時とは状況がまったく違うのだから、これをもう一回やれというのは無理な話である。

また今の日本は、世界経済の中で十分な位置を占めている。世界の富の10％をも有し、国民一人あたりの外貨準備高は世界一である。もし日本がさらに急激な経済成長し、これ以上、世界の富を集めたならば、今度は世界中から大ブーイングが起きるはずである。

現実的に考えて、「もう一度高度成長期を」というのは、無理がある。

だからわれわれは社会保障を充実させ、無茶な経済成長をしなくても、社会が成り立っていく仕組みをつくらなければならないのだ。

20年後の日本は貧困大国になる

ここまで、老後の貧困にまつわるさまざまな問題を分析してきた。

それでも最大の問題は、実はまだ述べていない。

日本社会というのは現在、巨大な爆弾を抱えている。この爆弾に比べれば、これまで取り上げてきた問題などは、物の数には入らないとさえいえる。それくらい大きな爆弾があるのだ。

日本社会の最大の問題点とは、**「生活保護予備軍が激増している」**ということである。

昨今、生活保護の受給者は激増しているが、今の日本社会はさらなる生活保護激増の要素を持っている。

その要素とは**「非正規雇用」**である。

非正規雇用の人たちは、現在こそなんとか生活保護を受給せずに生活しているが、彼らの多くは老後の生活力を持たない。だから現在、非正規雇用で働いている人たちの大半は、老後に生活保護を受給する可能性があるのだ。

現在の日本では非正規雇用者が約2000万人いる。

彼らが高齢者になったとき、ほとんどの人の年金の額は生活保護以下だと見られている。それどころか、年金自体に加入していない者も多数いる。一橋大学名誉教授の高山憲之氏の研究によれば、非正規雇用の半数以上は厚生年金に加入していない（週刊ダイヤモンド・2008年10月11日号より）。

厚生年金に加入していなければ、本来ならば国民年金に加入しなければならないが、多くはそれもしていないと見られている。

彼らは日本人だから、もちろん生活保護を受給する権利を持っている。

つまり今後、非正規雇用の人たちが、大挙して生活保護受給者になっていくと考えられるのだ。そうなると、数百万人の単位では済まない。数千万人レベルで、生活保護受給者が生じる。

国民の20～30％が生活保護という事態もあり得るのだ。

これは決して空想上の話ではない。

データにもはっきり表れていることである。

最悪の場合は、この2000万人がそのまま生活保護を受給することになる。現状でさえ低所得者層が増え続けている上に、2000万人の新たな生活保護受給者が出現するのである。

このままいけば、おそらく生活保護受給者はそう遠くないうちに1000万人を突破するだろう。そして20年後には、2000万人を突破する可能性もある。どんな楽観的な経済評論家でも、このデータに抗うことはできないはずだ。

現在の生活保護には、一部には不正受給があったり、生活保護を受けながらパチンコや遊興にふけっている人がいるのは事実である。しかしこのことをとらえて、生活保護における問題点をすり替えてはならない。不正受給などの問題は、生活保護の抱える最大の問題に比べれば枝葉に過ぎないのだ。

非正規雇用が増えた理由

日本は1990年代の後半から、非正規雇用が急激に増加した。

1990年には非正規雇用の割合は20％に過ぎなかったが、現在は40％を超えている。25年で倍増しているのだ。

なぜ非正規雇用は増えたのか？

よくいわれるのが、「若者が自由な生き方を求めてフリーターを選択するようになったから」ということである。

しかし、それは後付けの理屈だといえる。

確かに正規社員になるのを嫌ってフリーターを選択しているという若者もいる。しかし、それは全体から見れば少数である。ほとんどの非正規社員は正社員になることができなかったのである。

90年代後半からは、国が非正規雇用の増大を後押ししているのである。

バブル崩壊後、財界は「雇用の流動化」と称して、非正規雇用を増やす方針を打ち出した。

たとえば１９９５年、経団連は「新時代の〝日本的経営〟」として、「不景気を乗り切るために雇用の流動化」を提唱している。雇用の流動化とは、「いつでも首を切れて、賃金も安い非正規社員を増やし、人件費を抑制しよう」ということである。

これに対し政府は、財界の動きを抑えるどころか逆に後押しをした。１９９９年には、労働派遣法を改正した。それまで26業種に限定されていた派遣労働可能業種を、一部の業種を除外して全面解禁したのだ。

２００３年にはさらに派遣労働法を改正し、１９９９年改正では除外となっていた製造業も解禁された。これで、ほとんどの産業で派遣労働が可能になったのである。

２０１５年は、団塊定年の補充やアベノミクスの効果（？）などで、正規雇用は26万人増加している。しかし、同時に非正規雇用も18万人増加しており、勤労者に占める非正規雇用の割合はまったく減じていない。日本の雇用形態の中には、完全に非正規雇用が組み込まれているのだ。

先進国で最悪の非正規雇用割合

しかも先進国の中で、これほど非正規雇用が増えているのは日本だけなのだ。

2003年の先進国のパートタイマーの賃金（平均賃金との比較）

日本	アメリカ	イギリス	ドイツ	フランス
48%	ー %	65%	81%	74%

OECDのレポートより

現在の日本は非正規雇用の割合が40%を超えており、先進国の中では最悪なのである。

ヨーロッパ諸国では、労働者の権利が非常に守られており、フランスでは非正規雇用の割合は20%以下で、イギリス、ドイツなどもほぼ同じ水準である。競争社会のアメリカでさえ非正規社員は約４０００万人で、総労働力に占める割合は27%である。

先進国の中では、日本だけが突出しているといえる。

また非正規雇用者に対する待遇も、**日本は最悪**である。

表のように非正規雇用者（パートタイマー）の賃金は、日本の場合、正社員の半分以下である。

フランスでは実に8割もあり、正規雇用者との差がほとんどない。ドイツ、イギリスも正規雇用者の賃金の半分は優に超えている。またアメリカのパートタイマーの賃金に関するデータはないが、アメリカは労働組合が強く、また労働者の権利も保護されているため、日本より賃金が低いということはない。

先進諸国では非正規雇用者でも、正規雇用者とそれほど変わりがない生活が送れるということである。

日本の場合は非正規雇用者が激増している上に、非正規雇用者になれば普通の生活ができないのである。

日本の経済政策では近年、大企業の業績を優先させ、非正規雇用を増大させた。その結果がこの体たらくなのである。一刻も早く非正規雇用の問題を解決しなければ、日本の将来は暗澹《あんたん》たるものになるはずだ。

非正規雇用激増の一方で、企業は300兆円もため込んでいる

これまで日本は非正規雇用が多すぎるという話をしてきたが、それを聞いてこう思った人もいるだろう。

「日本は景気が悪かったから仕方ないだろう。企業だって苦しいのだから」

確かにもし企業も苦しいのであれば、それはお互い様であり、みんなで我慢しましょうということになる。

しかし、実際はそうではないのだ。

日本の企業は実は近年、貯蓄を激増させているのである。

今の日本の企業は、約300兆円の内部留保金を持っている。内部留保金というのは企業の利益のうち、配当などに回さずに企業の中に残ったお金のことである。つまりは、企業の利益の集積といえる。

これが300兆円もあるのだ。

この300兆円という金額は、巨大すぎて普通の人には実感として捉えられないだろう。日本の国税収入が現在30兆〜40兆円なので、国税収入の10年分に近い数字なのである。

これを日本国民全部に配布するなら、1人あたり250万円ずつ配れる額である。もし4人家族ならば、1000万円がもらえる計算になる。

日本の生活保護支出が3兆円ちょっとだから、今の日本の企業には生活保護費の100倍の貯金があるということである。

しかも企業の内部留保金は、この10年で激増している。

2002年には190兆円だったものが、2008年には280兆円にまで膨れ上がっている。たった6年で1・5倍になっているのだ。東日本大震災で若干は目減りしたが、その後にまた増加し、現在は300兆円に達している。

つまり昨今の日本企業というのは、人件費をさんざん削りながら、自分だけはしっかりため込んできたのである。

今の日本は**「企業栄えて国滅びる」**の図なのである。

これを見れば老後破産や生活保護が激増しているのは、景気の問題などではないことがわかるはずだ。

経済政策の失敗であり、人災なのである。

少子化問題は人災である

日本は非正規雇用の問題のほかに、もうひとつ大きな問題を抱えている。

それは**少子化問題**である。

このまま少子高齢化が進めば、どれほど日本の企業が頑張ったところで、日本の衰退は免れない。その事実は、どんな楽観論者も否定できないはずだ。

そして少子高齢化というのは、なにも手を打たなければ必ず進んでいく。つまり、今、なにも手を打たなければ、日本は必ず衰退するのだ。

南海トラフ地震の場合は、もしかしたらこの数十年のうちには起きないかもしれない。

もしかしたら100年くらい起きないかもしれない。

しかし少子高齢化は、南海トラフ地震のような不確定な要素はまったくない。このままいけば、必ず避けられないものなのである。

だから今、日本の経済力があるうちに経済の流れをよくし、少子高齢化を食い止めなければ、日本は大変なことになるのである。

そして少子高齢化問題というのは、経済政策の失敗がもたらしたものなのである。実は、非正規雇用の問題ともリンクしているのだ。

少子高齢化は日本人の晩婚化、非婚化が進んだために起きた、と思われがちである。確かに日本人の結婚観が大きく変わり、それが少子化の要因であることは間違いない。

しかし現在の少子化には、もうひとつ大きな要因があるのだ。

それは、雇用の不安定である。詳しくは後ほど述べるが、非正規雇用男性の既婚率は、正規雇用男性の既婚率の4分の1しかないのである。つまり非正規雇用が増えたことが、日本人の非婚化に大きな影響を与えているといえるのだ。

少子化の原因のひとつは非正規雇用

「非正規雇用の激増が少子化も加速させた」

こういうことを述べると、反論する人もいるだろう。

「未婚者の増加や晩婚化というのは、個人の意識の問題だ」と。

確かにそういう面もあるだろう。

しかしデータを見る限りでは、現在の少子化問題というのは、経済も非常に大きい要素を占めているのだ。

男性の場合、正社員の既婚率は約40％だが、非正規社員の既婚率は約10％である。

つまり派遣社員の男性のうち、結婚している人が1割しかいないのだ。これは事実上、派遣社員の男性は結婚できないということである。

これはなにを意味するか？

男性はやはりある程度の安定した収入がなくては結婚はできない、だから派遣社員などではなかなか結婚できないのである。

つまり、

「派遣社員が増えれば増えるだけ未婚男性が増え少子化も加速する」

ということである。

現在、働く人の４割が非正規雇用である。その中で男性というのは、６００万人以上もいる。10年前よりも２００万人も増加したのだ。つまり結婚できない男性がこの10年間で２００万人増加したようなものである。

現在の日本は、世界に例を見ないようなスピードで少子高齢化が進んでいる。今のまま少子高齢化が進めば、日本が衰退していくのは目に見えている。どんなに経済成長をしたって子どもの数が減っていけば、国力が減退するのは避けられない。

今の日本にとって、経済成長よりもなによりも少子高齢化を防がなければならないはずだ。

「非正規雇用が増えれば、結婚できない若者が増え、少子高齢化が加速する」

これは理論的にも当然のことであり、データにもはっきり表れていることである。

なのに、なぜ政治家や官僚はまったく何の手も打たないのか、不思議でならない。

あとがき——老後を迎える人がしなければならないこと

これから老後を迎える人がしなければならないこと。それは、まずはできるだけの準備をしておくこと、そしてもし自分の生活が破綻に瀕《ひん》するようなことがあれば、できるだけ早く公的な支援を受けることである。

本文との繰り返しになるが、日本では貧しくても公的支援を遠慮してしまう国民性がある。しかし、それは決して本人のためにも、国家のためにもならない。

これまで述べてきたように日本の社会保障制度というのは、先進国とは言えないほどお粗末なものである。

しかも世界経済全体から見れば、日本はこれまで十分に稼いできており、社会保障を充実させ、国民全体が不自由なく暮らすくらいの原資は十二分に持っているのである。

日本の社会保障制度をお粗末にしてしまったのは、国民のせいでもあるといえる。苦しくても我慢してしまう、自分が犠牲になればいいと思ってしまうので、国家はまったく反省せず、健全な社会保障の整備や、格差の解消を怠ってきた。

その結果が、現在の日本なのである。

もし苦しい暮らしを余儀なくされている老人の方々が、声をあげずに辛抱してしまっては、この社会システムがそのまま後世に引き継がれることになる。

バブル崩壊後の日本は「国際競争力」という〝錦の御旗〟のもとで、企業の業績を最優先事項ととらえ、サラリーマンの給料を下げ続け、非正規雇用を激増させてきた。

その結果、日本人が頑張って世界中から稼いできた富は、一部の富裕層や企業に滞留し、格差が拡大してきた。その影響がもっとも如実に表れているのが、「老後世代」なのである。

しかし本当の意味で日本の「国際競争力」を維持するためには、目先の企業業績だけを追い求めるのは間違っている。

そもそも日本の高い競争力は、誰が担ってきたものなのか？

日本の高い技術力というのは、十分な教育を受けた勤勉な多くの国民、これから老後を迎える世代が支えてきたものである。

競争力を維持したければ、まずは国民が普通の生活をしていける環境を整えるべきである。これから老後を迎える人の生活をきっちり保障する。そして「金がないから進学できない」「金がないから結婚できない」という若者を絶対に出さないことである。

企業を優遇すれば、目先の経済指標は上向く。

しかし国民生活をおざなりにするような国は、長い目で見れば確実に国力を失っていくのである。決して多くない子どもの教育さえままならない今の日本では、近い将来、国際競争力を失っていくのは火を見るより明らかである。

現在、貧しい暮らしをしている人たちが一気に声をあげれば、財政に影響が出るだろう。しかし、それを恐れていては、日本は変わらない。いや、むしろ財政に影響が出るような事態を起こさなければ、もはやこの国は変われないのである。

何度も繰り返すが、日本は世界有数の経済大国であり、世界一といっていいほどの金持ち国である。これだけ金を持っているくせに、国民をまともに食わせることさえできないのか、ということである。

今の日本で問題なのは金がないことではなく、金があるのにそれがきちんと循環していないことにある。機全不能に陥った日本の社会システムを立て直すためには、国民が自分の持っている権利をしっかり主張する必要がある。

だから老後破産に瀕している人は躊躇せずに、行政に支援を求めて欲しい。それが、あなたの老後を豊かにするものでもあり、国を再建することでもあるのだ。

最後に、本書の制作に尽力をいただいた方々にこの場をお借りして御礼を申し上げます。

２０１６年春

著者

［略歴］

大村大次郎（おおむら・おおじろう）

大阪府出身。元国税調査官。国税局で10年間、主に法人税担当調査官として勤務し、退職後、経営コンサルタント、フリーライターとなる。執筆、ラジオ出演、フジテレビ「マルサ!!」の監修など幅広く活躍中。主な著書に『税金を払わない奴ら』『完全図解版あらゆる領収書は経費で落とせる』『無税国家のつくり方』『税金を払う奴はバカ！』（以上、ビジネス社）、『「金持ち社長」に学ぶ禁断の蓄財術』『あらゆる領収書は経費で落とせる』『税務署員だけのヒミツの節税術』（以上、中公新書ラクレ）、『税務署が嫌がる「税金0円」の裏ワザ』（双葉新書）、『無税生活』（ベスト新書）、『決算書の9割は嘘である』（幻冬舎新書）、『税金の抜け穴』（角川oneテーマ21）など多数。

老後破産は必ず防げる

2016年4月21日　　第1刷発行

著　者　大村大次郎

発行者　唐津 隆

発行所　株式会社ビジネス社

〒162-0805　東京都新宿区矢来町114番地 神楽坂高橋ビル5F
電話　03(5227)1602　FAX　03(5227)1603
http://www.business-sha.co.jp

〈装幀〉金子眞枝　〈本文組版〉エムアンドケイ　茂呂田剛
〈印刷・製本〉中央精版印刷株式会社
〈編集担当〉本田朋子　〈営業担当〉山口健志

ISBN978-4-8284-1874-2

ビジネス社の本

国税調査官がズバリ教える マイナンバーで損する人、得する人

定価　本体８００円＋税
ISBN978-4-8284-1834-6

大村大次郎……著

日本に住む人すべての財産マル見え時代が到来!

ついにマイナンバー制度スタート!　税、年金、健康保険、そして銀行口座まで全財産ガラス張りで国は何を狙っているのか?　赤ちゃんから１００歳を超える高齢者まで、すべての人の生活が一挙に変わるマイナンバー制度、もはや「知らなかった」では済まされません!　豊富な図解、各国との制度比較、だれでもわかるQ&A付き!!

本書の内容

第１章　そもそもマインバー制度とは一体どのようなものなのか?
第２章　マイナンバー制度で「損」する人たち
第３章　マイナンバー制度で「得」する人たち